中国乡村发现

｜连续出版物｜ 总第63辑 ｜2023（1）｜

主　编／陈文胜

副主编／陆福兴　瞿理铜

本辑执行主编／游　斌

湖南师范大学出版社

·长沙·

中国乡村发现

| 连续出版物 | 总第63辑 | 2023（1） |

主　编：陈文胜（湖南师范大学中国乡村振兴研究院院长、中央农办乡村振兴专家委员）

副主编：陆福兴（湖南师范大学中国乡村振兴研究院副院长、教授）

　　　　瞿理铜（湖南师范大学中国乡村振兴研究院副院长、副教授）

本辑执行主编：游　斌（湖南师范大学中国乡村振兴研究院博士后）

学术委员（以姓氏笔画为序）

马晓河　王小映　王东京　王晓毅　王景新　叶兴庆　朱　玲　朱启臻

刘建武　刘德喜　孙立平　杜　鹰　杜志雄　李　周　李小云　李远行

李昌平　李建华　李培林　吴　毅　宋亚平　宋洪远　张　鸣　张天佐

张玉林　张占斌　张红宇　张晓山　张德元　陈　潭　陈文胜　陈锡文

周　立　房　宁　赵树凯　钟甫宁　姚先国　贺雪峰　秦　晖　徐　勇

郭　玮　郭晓鸣　唐　珂　黄季焜　黄祖辉　曹锦清　蒋建农　韩　俊

温思美　温铁军　谢寿光　熊万胜　蔡　昉　潘　维　魏后凯

主 办 单 位：湖南师范大学中国乡村振兴研究院

　　　　　　　湖南省中国乡村振兴研究基地

　　　　　　　湖南省农村发展研究院

编 辑 部 地 址：湖南省长沙市岳麓区麓山路 370 号湖南师范大学里仁楼

邮　　　　编：410006

电 话 / 传 真：0731-88872694

网　　　　址：http://www.zgxcfx.com

书刊投稿邮箱：zhgxcfx@163.com

官 方 微 信 号：乡村发现

征　稿

来稿要注重田野调查，突出问题意识；注重农村发展实践，尤其是乡村现实问题，提出能够进入农村基层实践、服务农村发展决策的对策建议；文风朴实，语言精练，通俗易懂，突出实例和数据，而非教条和空谈；篇幅在 3000 字以内，不存在知识产权争议；来稿请用电子邮件发至编辑部邮箱：zhgxcfx@163.com，并注明作者姓名、工作单位、地址及邮政编码（附个人简介及联系方式）。凡县乡干部、农民的来稿优先录用，与乡村无关或纯理论文章谢绝投稿（文学作品一律谢绝）。

小　启

因联系不便，请书中所采用图片的作者与编辑部联系，以便奉寄稿酬。

目　录

专　稿

从我国食物自给率的变化看构建农业新发展格局

⊙ 杜鹰

　　改革开放 40 多年来，我们国家的粮食和重要农产品的供求关系大体上经历了从"吃不饱"到"吃得饱"，从"吃得饱"到"吃得好"的历史性变化。从现在来看，我们的粮食和重要农产品的供求关系随着消费结构的升级和供给侧的一些结构性变化，赋予了我们国家粮食安全一些新的含义，也就是国家的食物安全显得越来越重要。我觉得食物安全问题需要我们在这个阶段额外予以关注，因为它不仅是治国安邦的一件头等大事，也是我们今天研讨的共同富裕的物质基础。本文就此谈几点看法，主要论述 3 个问题。

一、我国食物自给率的变化情况

　　2021 年是我们加入世贸组织的 20 周年，20 年来，我们的农产品对外贸易发展速度非常快。2000—2020 年，我国农产品贸易额从 260 多亿美元增长到去年的 2400 多亿美元，大概增加了 9 倍。我们国家的农产品贸易总额在全球的排名从第 12 位上升到第 2 位，值得关注的是什么呢？我们的出口额虽然也在增长，但是进口额增长的速度更快，因此大体到 2004 年，形成了贸易逆差，中国从此前的农产品净出口货转而成为净进口货。到 2009 年以后，逆差不断扩大，到去年是 946 亿美元，2021年上半年的逆差就已经是 700 多亿美元。

分品种看，谷物的自给率一直保持在 97% 以上，进口多的主要是油料、大豆、糖类、肉类、奶类这些高蛋白食物。所以，我们现在缺的不是谷物，缺的是高蛋白食物。所以我为什么说食物的安全是这个阶段更值得我们关注的问题，就是这个道理。

我们可以分品种算自给率，但是需要得到一个总的食物自给率，这样就要把脂肪、蛋白质、碳水化合物统一换算为热量。或者通常还用一个办法，就是用耕地面积折算，我用两种方法都算了一个账。2000 年，我们食物自给率是 101.8%，2020 年下降到 76.8%，这是用第一种方法计算的结果。第二种方法是用热量计算，自给率从将近 100% 下滑到现在的 76%。两个方法的计算结果是一致的，加入世贸之初，我们食物的自给率大体是 100%，而 20 年后的今天，我们的食物自给率已经下降到 76% 左右。

将上述的食物自给率与日本、韩国和中国台湾作比较：韩国的食物自给率从 20 年前的 50% 下降到现在的 44% 左右，日本的食物自给率（或者叫热量自给率）从 40% 下降到现在的 36% 左右，台湾地区大体在 35% 上下波动。我们的自给率虽然很高，但是我们的下降速度要比它们快得多。所以这个问题非常值得我们关注。

大家很关心到 2035 年我们基本实现现代化之后，中国的食物自给率会是什么样子。这里我们用黄季焜的一个预测，他做了 14 种食用农产品到 2035 年的产量预测，我们利用他的研究结果，把它换算为总的热量自给率。结果到 2035 年，我们总的热量自给率有可能从目前的 76% 进一步下降到 65% 左右，这是我们研究的一个结果。分品种来看，到 2035 年，小麦、稻谷的自给率可以保持在 96% ～ 97%。玉米值得关注，其缺口会持续扩大，从目前的 1130 万吨扩大到 3500 万吨，自给率从 95% 下滑到 90%。大豆的缺口持续扩大，自给率仍然在 17% 上下。猪肉的自给率在玉米进口量增加的情况下，可以维持在 95%。但是牛肉的自给率会从 76% 下降到 73%，奶类的自给率从 67% 下降到 58%。

二、中国农业面临的真正挑战

日本经济学家认为，土地资源稀缺国家的农业会先后碰到三个截然不同的问题，即粮食不安全、部门收入不平等、高收入阶段农业比较优势下降带来的食物自给率下降，他将这三个问题分别称为粮食问题、收入问题和食物自给率问题。

并指出，前两个问题早已被论证过，他认为现阶段对日本而言，最突出的问题是食物自给率的问题。

他的论断有助于我们理解人多地少国家农业发展变化的一般规律，而且也比较切合中国的实际情况。实际上改革开放40多年，中国农业也先后碰到了这三个问题，而前两个问题在我看已经解决过或基本解决，粮食绝对短缺问题在1990年代中期就解决了，部门收入不平等问题也就是所谓从农业提取积累的问题到新世纪之初已经有了一个根本性的变化，现在最需要我们农业上做出最大努力的，就是如何保持一个合理的食物自给率的问题。

为什么食物自给率这20多年来持续下降？背后的原因各位农林界的专家学者都很清楚，就是相对于发达国家，我们的农产品的竞争力在下降。

三、构建农业新发展格局，确保国家食物安全

确保国家食物安全关系到国家的自立自强，关系到国家的根本利益和复兴大业，是我们在整个现代化进程中须臾不能放松的大事，也是必须花大气力才能办好的大事。从大的思路来看，确保国家食物安全就是要着眼于构建以国内大循环为主体、国内国际双循环相互促进的新发展格局。重点要做好两方面的工作：

一方面，要立足国内，千方百计把我国的食物自给率保持在一个合理的水平上。什么叫合理的水平？这是我们农林界需要好好研究的。习近平总书记在刚刚闭幕的中央经济工作会上指出，我们要利用两个市场，但必须有一个安全线，超过了以后，就要亮红灯。要明确重要能源资源国内生产自给的战略底线，一个安全线，一个战略底线，超过了就要亮红灯。

再考虑其他因素,在未来一个时期,比如到2030年（2031年是中国人口峰值），我们的食物自给率应努力保持在70%以上，不能任由其下滑，不能重蹈日本、韩国的旧辙，否则对我们这样一个大国来说，就会在现代化中丧失主动权。所以在新格局的国内大循环上，怎么样努力地把我们的食物自给率保持在70%以上，我们过去提过粮食的自给率保持在95%，后来因为大豆进口多了，大豆又属于粮食类，实际上已经突破了95%。后来我们就提出口粮绝对安全，谷物基本自给。现在看玉米也有可能要进一步地往下跌，所以将来考虑口粮小麦、稻谷我觉得应该保持在

100% 左右，日本、韩国现在的大米都是 100% 以上。玉米、谷物要保持在 90% 以上，而整体食物的热量自给率要努力保持在 70% 以上，其可行性需作进一步讨论。

还有一个方面就是我们人多而地表水更少了，肯定有一些缺口需要靠国际市场来填补。所以要主动地有效利用国际资源，特别是要打造安全可靠的食物供给链，在这方面我们要做好工作。

最后，国内怎么能够把食物的自给率保持在合理水平？我的基本看法是，在土地、水资源等其他农业自然资源一定的条件下，能够有效稳定地提高我国食物自给率的变量是种业。现在中国的种业我觉得问题很大，比如说企业的集中度很低，比如说种子市场混乱，比如说产学研繁育推的体系还没有真正建立起来，种子企业的创新能力还比较弱。比如说我们基因编辑的种子还依然按转基因来管理，转基因的研究还没有得到社会很普遍的理解和认同，等等，这些问题都是在下一步要很好地考虑和解决的。

为什么要重视这些问题？中国目前的小麦和大豆子产量不仅绝对值相当于美国单产的 2/3 左右，而且近 20 年来的单产提高速度也比人家慢。同样的，中国的油菜籽单产是加拿大的 75%，近 20 年的单产提高速度也比人家慢。为什么？就是国外的生物技术、基因编辑技术、转基因技术在快速发展，美国的小麦、大豆 90% 的面积都是转基因的，但是我们现在国内实行这样一个技术路线还困难重重，要创造条件，采取既积极又慎重的方针，一定要在技术上有所突破，否则这个食物自给率我看是保不住的。我说的慎重主要是做好社会科普工作，这是真正有助于农业的。现在大众真正赞同转基因食品的少之又少，所以我们这个工作还没有做到位。

另一方面，怎么打造海外安全可靠的食物供应链？因为毕竟将来我们有 30% 的热量需要从国际上来供，国际上你当然通过贸易也可以拿到，但是贸易在千年大变局的情况下，在中美贸易摩擦的情况下，疫情我估计将来可能会是一个常态或泛常态的东西，还有地缘政治，等等。所以在打造安全可靠的海外供应链这方面，中粮、中化，还有很多集团都走了出去，取得很好的成效。关键是什么呢？不要去买地租地种粮，因为我们现在要拿的是权益产品，是产品的权益，而不是要拿它的土地所有权和使用权，土地所有权和使用权在政治上和社会上的风险太大，国际上通行的做法是从贸易端切入，然后控制我们的权益产品。还有其他比如政策支持不够、走出去的平台搭建不够等很多问题，这些都要综合起来考虑和解决。

　　总之，对中国的食物自给率，我们要保持战略主动，就要把食物自给率稳定在一个相对较高的水平上，这需要从国内、国际两个方面做好工作。

　　［作者系《中国乡村发现》学术委员，国家发展和改革委员会原副主任，中国国际经济交流中心副理事长。文章系对作者在中国农村发展学会第八届会员代表大会暨中国农村发展高层论坛（2021）上的主题演讲的整理。］

◎责任编辑：李珊珊

科学谋划全面推进乡村振兴的关键落子

⊙ 蔡昉

乡村振兴是一个国家战略，因此首先需要一个顶层设计。党中央国务院相关文件已经明确了乡村振兴的目标，也擘画了路线图和时间表。同时，任何一项战略部署都要求发挥各方面的积极性，特别是基层的首创精神，要求各个参与方各显神通。这给实施乡村振兴战略提出要求，比如如何做到激励有效，让每个当事人都能主动地成为乡村振兴的推动力量。各地积累的经验就包括这种激励机制的探索，只有认真总结才能把总体目标转化为本地目标，并且同解决本地的特殊难点和堵点相结合，找出一条适合自身实践需要的振兴乡村途径。因此，案例研究十分有意义，也属于理论和实际相结合的研究方法，非常实用。

《乡村振兴蓝皮书·湖南乡村振兴报告（2022）》在总结湖南乡村振兴新成就、新经验，分析新问题、新态势，探索新路径、新策略的同时，概括了湖南推进乡村振兴亟待破解的六大现实问题，在指出问题的基础上，蓝皮书最后也提出了五条基本对策，我都非常赞成。今天我也借这个机会对其中的两个问题谈一点粗浅看法。

在蓝皮书提出的六大现实问题中，至少有两条是经济问题，也是经济学问题，因此也就对应着一些规律性的事实，或者说一般规律。此外，这两个问题与我的研究专业和关注点均相对应，可以结合一般规律看其在中国的特殊表现，就意味着我们把一般规律拿来和国情省情相互比照，更有利于研究的深化，同时找出适宜的对策。

　　我要论述的这两个经济问题，在蓝皮书中分别概括为：第一，粮猪型农产品结构不优，效率不高，稳产保供的压力大；第二，丘陵山区居住分散化和空心化，人居环境改善困难多。这两个问题的概括论述既带有当地的特点，同时也体现了一些共性的东西，所以，也是我们整体推进乡村振兴过程中应该关注的问题。理论研究的一项任务同时也是一种基本功，就是需要把现实问题、政策部署乃至政策语言，转化成学术语言和专业概念，这样的研究才符合研究者的身份定位，才能发挥我们的比较优势。其实，这里的两个问题讲的都是规模经济的问题，一是农业生产的规模经济，二是基本公共服务供给的规模经济。前一项规模经济归根到底讲的是生产率，包括劳动生产率和全要素生产率，后一项规模经济是指在基本公共服务，或者说公共品的供给中，也涉及人口居住集中度等相关概念。我把这两个问题看作破解城乡二元结构的重要主题。

　　我们一直讲"让农业成为有奔头的产业，让农民成为有吸引力的职业"，我认为这两个"让"很自然地引导出了第三个"让"的要求，也就是说要"让农业有合理收益，成为自立的产业"。要达到前面的两个"让"，就不能把农业视为天生的弱势产业，认定其靠补贴和扶持才能发展。农业当然要有政府扶持，要靠城市和工业的反哺，但是核心或者说最终目标，还是要把农业打造成为一个能够自立的，有堪比其他产业生产率水平的，从而有合理收益的产业。这里面最重要的是提高劳动生产率。农业是国民经济的基础，我们目前提高农业劳动生产率，实现农业生产方式现代化，关键在于两条可行的途径。

　　一是劳动力要继续转移。中国的人均GDP已经超过12000美元，到2035年基本实现现代化，成为中等发达国家的时候，人均GDP大体上要达到23000美元。因此，那些发展水平处于从12000美元到23000美元的国家，可以成为我们发展的参照系。与这些国家的平均水平相比，我们目前的务农劳动力比重仍然高出18个百分点，意味着中国农业劳动力比重太高了。因此我们还要创造更好的条件，包括户籍制度改革及推动新型城镇化，促进劳动力转移，并提高劳动生产率。我们土地经营规模仍然过小，总体来说中国是世界上土地经营规模最小的国家之一。一个重要的思路是，我们要从过去的那种把耕地作为保障手段的理念，转变到把土地看作现代农业生产方式的载体。从理念上和政策上，这都是一个艰难的转变过程，要有各种改革和政策措施配套才行，最重要的是土地制度改革。这仍然是我们实施乡村振兴战略的一个难点，非要攻克不可。能够做到农业劳动力继续转移，土地规模逐步扩大，劳动生产率的提高就可以明显见效。这是从农业生产的角度谈规模经济。

二是从基本公共服务供给来看规模经济。我们要破除城乡二元结构，缩小公共服务的差距、人居环境的差距，归根结底是城乡差距和地区差距，还有现代化途中与参照国家之间的差距。缩小这些差距的一个重要方面，是公共服务的供给必须有规模经济，这与合理的居民数量有关。在农村劳动力大规模外出的情况下，很多农村家庭的成员就被分隔了，导致了农村人口老龄化。只有进一步推动农民工在城市落户，才可以做到以家庭为单位，而不是以家庭成员分隔为代价，同时推进新型城镇化和乡村振兴。无论是留在农村还是进到城市，我们需要以传统的家庭为单位，而不是以空巢家庭为单位，我想这一点从经济和社会角度看都是非常重要的。

另一方面，推进基本公共服务的均等化，改善人居环境，政府要予以保障，必须承担必要的支出责任。当然，政府承担公共品支出责任及推进公共服务均等化，需要一个循序渐进的过程。但是，从理念上我们应该认清这一点，即政府是基本公共服务的供给者和埋单人，这个性质也随着发展水平的提高而逐步增强。在GDP人均12000美元到23000美元这个区间，从国际经验来看，政府社会性支出占GDP比重显著并加速提高，从而达到相对合理的水平。这一经济规律是德国经济学家瓦格纳提出来的，因此我把这个时期（即政府支出占GDP比重，或者社会支出占GDP比重提速的时期）叫作"瓦格纳加速期"。我们应该把这个加速期看作一个机会窗口，加快满足农民的基本公共服务需求，有效推进乡村振兴，使农业农村的面貌得到根本改善。

[作者系全国人大农业与农村委员会副主任委员，中国社会科学院学部委员。本文根据作者在《乡村振兴蓝皮书·湖南乡村振兴报告（2022）》发布会暨湖南乡村振兴2021年十大优秀案例发布仪式上的讲话整理而成。]

◎责任编辑：李珊珊

名家讲座

中国乡村系统的历史演进与乡城转型

⊙ 刘守英

当前需要讨论一个最基本的问题，就是中国的乡村振兴问题。它实际上涉及两个问题：第一个是怎么认识我们现在乡村振兴的对象。十九大提出乡村振兴以来，大家都在忙乡村振兴，但我们现在面临的对象到底是什么样的？碰到了什么问题？这些东西如果没有搞清楚的话，我们去振兴什么呢？我们做了那么大一个工程，对象一定要认识清楚。第二个就是我们要关注它的变化。这个变化的核心内涵是指中国几千年的乡村体系、乡村系统的变化。新中国以来我们一次次推动农业国的工业化转变，把原来的乡村系统变成城市系统，这是一种转型。那么，现在的乡村系统到底是什么样的？稳定的乡村系统转变成城市系统以后是什么样的？

一、认识中国的乡村系统

首先，认识中国乡村系统要立足中国的基本国情。中国著名的历史学家章有义讲：人口和耕地是构成国情和国力的基本要素。

一是人口增长。中国的乡村社会在技术进步不明显，资源不断紧缩的情况下，面临的最大挑战始终是人口的不断增长（和人均耕地的不断降低）。因此，中国乡土社会土地关系最重要的特征之一是农民跟土地的黏性极强。我们到西方去看，尤其是到拉美去看，它们有更多人想进入城市；但中国的情况是，农民跟土地的感情非常深，不愿意离开土地。我最近去松阳做调研，有些人认为城市化以后乡村会慢慢衰退消失，但有些人不会轻易离开乡村。

我问松阳村子里的一位老人："你在城里有房子吗？"他说："有，我的儿子、女儿都在县城买房子了。"我说："你为什么不离开这儿呢？"他说："这儿是我的根。"我说："你把房子卖给他们（城里的人），让他们来弄不就完了吗？"他说他家差不多七代人为这栋房子不断积累，如果卖这个房子就相当于把祖宗卖了。这就是中国农民跟土地的关系，它不是一个单纯的经济关系，而是一种文化。这种长期积累的文化和价值观念就会带来一个结果，就是农民跟土地的黏度非常之强，所以中国农民是不会轻易放弃土地的。1980年代，我国开始推动土地制度改革，但是推到后面涉及农民土地所有权的问题，比如扩大土地规模，建立土地市场等，但是农民是不会轻易放弃土地的。中国的土地文化就是费孝通讲的：土地创造了历史，但是也成为一种负担。这是我们讲的土地的第一个特征。费孝通的《乡土中国》有一个画面描述得非常有意思：一双眼睛和一张嘴。嘴就是要解决吃饭的问题，一双眼睛是对未来充满着期待，但这些都需要从土里找生存，脱离不了这个土。所以费孝通讲土地也成为一种负担。

二是土地关系，其关键是地权。中国是最早建立土地私权制度的国家，中国过去的土地私权体现在允许土地自由买卖，通过民间契约保护私有地权。但这种"地权制度"具有高度的复杂性，最重要的一个表现就是（土地）所有制是家本位的。中国土地所有制以家庭为单位，不是以个人本位为核心的土地私有制。在家本位之下，对土地所有权的控制是由家长决定的，家庭的每个成员对土地的所有权都是以家庭为单位的"成员所有制"。中国乡村土地规模为什么会越来越小？因为以家本位为核心的私有制会导致私权背后带有很强的"特许成员权"。到了集体所有制的时候，是以村社集体为单位的土地所有制，实际上就是从家本位所有制演化为成员制所有制。我国农村地权第二个特征是，产权结构不是以土地所有权为大的产权结构，而是以田面所有权为大的产权结构。明清的时候，中国的田地是分为田面权和田地权的，当时大量的契约关系是指"地契"，就是地主把土地租给佃农，由佃农使用土地的地权。这个"田面使用者"的权利内涵与"土地所有者"的权利内涵是差不多的，可以出租、抵押、转让、继承。所以中国土地产权制度实际上是田面（耕作权）、田地（所有权）两权分离。长此以往，为了保证土地的利用效率，土地产权结构就不断演变为"土地耕作权与所有权同时存在"，而且这个土地耕作的"佃权"逐渐具有了"所有权"的内涵。在耕地资源有限但人口不断扩张的情况下，耕作权与所有权的冲突不断加大。地权的第三个特征就是小农经济。一家一户的小农支撑了整个中国的农地耕作，农业被不断地细化，这也是前面提到的原因导致的结果。

三是农业形态，要认识乡村的业。中国乡村的业有三个特征：首先，由于中国长期以来结构转变受阻，现代意义的工业化、城市化没有得到推进与发生，因此，在改革开放前，从整体来看中国始终保持着一个农业社会形态。其次，中国农业社会在没有外力介入的时候是非常稳定的，是一个不饥不寒的小康社会。这个我们很难理解，在一个没有工业化、没有城市化的社会里怎么能做成一个小康社会呢？核心是因为中国几千年的农业形态上从来就不是一个专业化的农业形态，而是靠农业来维持生计，靠工业和副业来保持生活。20世纪60年代的中国乡村尽管经过了集体发展时代，但是搞副业和搞农业的人在乡村是很受尊重的。我们小时候最盼春节，因为春节的时候可以请裁缝做新衣服，还有肉吃。这就是农业支撑生计，工业和服务支持生活，形成乡村相当稳定的小康生活。最后，这种互补的产业结构形态使得中国传统农业形成了一个土地单产非常高，但是农业劳动生产率非常低的状态。一家一户为了保持生计，把自己的劳动力用到最大、把土地使用效率提到最大，包括后来我们使用化肥农药也是为了提高土地单产。但由于农业劳动力没有非农化，导致土地与劳动的使用边际效益不断降低，就形成了我们讲的内卷。这种劳动力模式并没有带来农业的爆发，而导致单位劳动生产率低下。

四是乡村秩序，主要是认识村庄。中国传统的村庄具有非常重要的维持秩序的作用。中国乡村和西方乡村（形态上）有非常大的差别。我们进入西方乡村看到的是农场（而非聚落），美国一个家庭农场平均规模是600多公顷，高度专业化、机械化、高科技投入。但是中国乡村的主要形态是村庄，村庄是中国国家治理中维系乡村秩序的基本单位。中国小农一家一户难以应对自然社会各方面的关系，而村庄在形成一定规模以后就有了防卫功能，可以解决治安问题，并建立跟外部社会联系的纽带。乡村社会的第二个重要特征就是熟人的社会。较大的村庄是由两三个大姓支撑起来的，形成了家族和宗族的熟人社会，这种熟人社会与西方现代社会（陌生人社会）具有根本的区别。熟人社会以人际关系形成基本的社会关系，而陌生人社会是以非人际的关系。第三个特征就是费孝通讲的"差序格局"。很多人以为中国的乡村社会是一个集体主义的社会，是一个以宗族和家族支撑乡村的格局。但实际上中国乡村社会是一个差序格局，是以自我为中心，按照自我人际关系的亲疏，由近及远形成的社会关系。自我最大，下面是家庭，再下面是家族关系，之后是村庄、熟人、陌生人。最后，乡村社会的治理准则是"礼治秩序"。为什么中国几千年国家治理是"皇权不下县"，非常重要的原因就是中国的乡村秩序作为一种关系和一套制度，维持了中国社会的基本稳定。

可见，中国的整个乡村社会是一个由人、地、业、村组成的有机系统。人跟地之间形成紧密关系，人、地又跟我们的业态形成紧密关系，最后集中在村庄空间中形成这四者之间的系统。所以，当我们思考村庄发展或作规划的时候，从单一的某一要素出发去解决问题是不对的。比如单从人出发，把人移得差不多了，但乡村还是在衰败；单纯地从地的角度出发，把土地规模化流转了，但土地流转规模越大土地的成本越高、回报越低。业也是一样，我们试图把乡村产业做得越来越专业化，比如地方政府特别热衷于搞千亩苹果园、桃园，但最后都没有搞成。中国乡村单一化的业态支撑不起来整个乡村的生活和生存。中国的乡村是由人、地、业、村构成的有机形态，这四者之间形成的有机系统，维持了几千年中国乡村的稳定。

二、认识结构变革下的乡村困局

一是结构变迁与乡村系统变化。我们要认识现在的乡村困局是怎么造成的。很多人认为中国乡村问题的解决路径就是快速工业化、城市化，我们早期也做了很多努力，但是发现没有那么简单。所以促进乡村结构的转变，非常重要的是用什么样的方式来改变乡村系统。国家结构转变中的任何一次重大变迁都会对乡村系统里的人、地、业、村之间的关系产生影响。如果不对乡村系统做整体回应，最后会带来乡村系统变化中的紊乱。

从20世纪50年代开始的第一轮国家工业化，是整个中国进行结构转变的开始。国家工业化的基本制度安排是通过农业服务于工业，降低工业化的成本，来推进整个中国工业的积累，形成中国的工业体系。但是支撑国家工业化战略的是什么？第一个就是农民不能出去。如果农民出去，国家工业化的成本就会上升。我们通过户籍制度把农民绑在土地上，乡村里的农民和土地关系就更加紧张。第二个是为了保证工业化递增，整个农村的产业只能种粮食，保证城市食物的低成本。第三个是村庄的制度安排，为了使农民不离开土地，我们在村庄实行集体化土地制度。所以在国家工业化的背景下，我们改造了乡村的制度，乡村系统的结构是将原来传统中国村庄的非正式制度、熟人社会改造成正式的制度，但是农民跟土地的关系因为户籍制度不能分开。而乡村农业为了服务于工业化而变得更加单一化。结果就是整个乡村系统的制度变得更单一了，农民跟土地的关系更紧了。这是第一阶段的乡村系统变革。

改革开放以后中国开启第二轮的结构变革，就是乡村工业化。包产到户改革以后，大量的农村剩余劳动力需要寻找非农的就业机会。但那时候城市的体制还没有改革，农村剩余劳动力只能在农村地区解决。国家采取的办法就是允许农民利用集体土地搞乡村工业。乡村工业化下乡村系统的变化非常有意思。第一个是乡村的业态与国家工业化时期相比发生重大改变，这个时候乡村的业态开始复杂化，农业上允许农民多种经营，工业上允许农民搞乡镇企业。第二个是乡村土地回到一家一户的小农经济模式，实行集体所有的农户承包土地制度，并开始允许村庄的自治。所以整个乡村工业化期间，中国乡村系统一定程度上回到了中国传统的乡村系统模式，但有一个非常大的差别，就是大规模的乡村工业化让农民和土地的关系开始有所松动，结构更加复杂。但是这期间由于农民不能进城，所以尽管结构发生转变，农民跟土地之间的黏度还是非常深的。费孝通讲离土不离乡，事实上是分业不离土。这是第二阶段的乡村系统变革。

到了第三阶段，20世纪90年代中期以后开始实行沿海工业化。中国实施出口导向战略以后，工业化主要在沿海地区，但沿海地区工业化带来了内地乡村的重大变化。乡村工业化的时候农民跟土地的关系是不离土、不出村的。但在沿海工业化的时候农民开始离土出村。农民开始不再搞农业，农民跟土地的关系开始松动。但是这期间农业出现了很大的问题，就是让农业又回到了单一化的农业。粮食农业的结果是什么？是农业的回报降低。同时乡村里大量的人开始单向离开农村，要素从农村转移到城市，带来了中国乡村的衰败。

所以我们看，中国这轮大规模的工业化和城镇化的结果是整个乡村系统出现了非常大的变化，就是在沿海工业化、农一代离土出村以后，乡村系统开始松动，一直到整个中国农二代（80后）成为迁移主力的时候，中国乡村开始发生代际革命。

二是代际革命与乡土黏度。代际革命的意思就是：农二代迁移在经济特征和社会特征上与农一代迁移相比有重大的变化。

从经济特征上，农二代期望更好地融入城市。一个重要的表现就是对工作的类型、职业更加重视。农一代在城市工作但是乡村的地不丢。而农二代基本上不知道自家地在哪儿，进城后也不再从事农业了。同时，农二代进城以后，原来在农村的一些副业产业（比如木工等）也不怎么做了。农二代更愿意变成城市的产业工人，对原来零散的副业不重视。此外，农二代对人力资本积累的方式也发生很大变化，他们更注重知识积累、经验积累和职业积累。农二代在职业选择上会尽量把原来的职业忘掉，来选择跟城市趋同的职业。所以整个农二代非常明显的特征是更好地融入城市。

在社会特征上，农二代也表现出非常强的入城不回村的情况。迁移模式上，农二代更多地还是跨省流动、向东部地区流动、向大中城市流动，说明他们在寻求更好的工作机会、更高的回报。同时，他们对家庭生活和子女教育非常重视。农一代进城的时候，在一个很简陋的环境里都可以维持生活，只要挣到钱不太管家庭生活，而且很多农一代是男人出去、女人在家。但现在农二代迁移基本上是举家迁移，很注重家庭生活，并且对子女的教育非常重视。农二代不像农一代一样把孩子留守在家，为了让孩子能够接受更好的城市教育，都把孩子带在身边。此外，农二代对增强社会流动的期望非常高，比如他们尽量交社保，甚至开始在城里买房，回乡下建房的农二代开始减少。我这次去松阳看，90% 以上的家庭在城里买房。在城里买房表现出一个什么倾向？就是他们更多地希望自己未来的生活是城里面住下来，享受城市的生活方式。收入水平高的，在城市稳定的人不再回乡下建房。最后是文化价值观的变化，他们的生活方式、消费方式基本上都是城市的方式。

三是中国乡村正经历千年之变。综上可知，中国乡村正在经历一场千年之变。首先，中国几千年传统乡村的问题是缺少一种系统改变乡村的外力，大家被捆绑在乡村里，人、地、业、村唇齿相依，没有力量改变。但是一旦有外力来改变乡村的时候，往往带来的是对乡村破坏性的改变。比如殖民时期大量的洋货进入乡村，就把原来的产品体系摧毁掉，然后原有的农工农副互补的结构也被打破，乡村陷入更加贫困。所以传统乡村的稳态体系有两个问题：一个就是内卷，乡村的土地被过度垦殖，劳动力被不断地利用，农民高度辛劳。另一个是贫穷，就是尽管农民如此辛劳，但是生产效率上不去，还是贫困。

到了国家工业化、乡村集体化的时期，这是对中国乡村系统进行重大再造的时期。一是整个乡村的制度变了，家户本位的小农经济制度被再造，形成了集体化的组织方式。二是对乡村业的改造，中国农业变成了更大组织、更大规模的农业，推进了大规模的农业机械化。但是这场革命性改造最后不能回避的就是体制的低效率。体制的低效率就是无法解决一家一户小农分散的农业效率问题，结果就是不能为农民带来回报，农村还是贫困。

那么我们现在乡村衰败的原因是什么？首先，中国当前乡村问题不是历史上的"贫困问题"。一是乡村物质状况好转，农民的家庭和基本物质生活是有保障的。二是农民不再像原来辛劳地从事农业，面色好了，脸上有光泽了。三是现在农民的收入过得去，只要愿意出去打工，或者稍微勤快一点，总能挣到一定的收入。四是老百姓的平均寿命延长，村里大量的老人能活到七八十岁。五是农民的住房得到改善，现在农村盖两三层房子的人占80%～90%。六是农村的公共基础设施建设水平提升。可见，这轮农民的问题不再是传统的贫困问题了。

我认为，当前乡村的困局，是在我国持续的重大历史性结构转型下，整个乡村系统的人、地、业、村没有找到重构和匹配的方式，出现了功能失衡和失去活力，这是这轮乡村衰败最重要的原因。

功能失衡的第一个问题是"人"。当前整个乡村的人分成三类，第一类是农二代，他们面临的最大问题是未来落在哪儿。现在农二代基本上继续着离土出村、不回村的局面。现在更大的争论就是农二代未来回不回村，这个是我们在规划里一定要考虑的因素。我现在在乡村看到的情况是乡村回流在增加，但是完全回到村庄的趋势并没有出现。现在农民回流的情况原因最主要还是考虑孩子的教育问题。当孩子要读初中的时候，家里有一个家长带孩子去镇上读书。当孩子读高中的时候，一家人回县城陪孩子读高中，但是不回到村庄。所以我们做农二代调查的时候发现他们回村的次数大幅减少。农一代一年回村五六次（农忙、清明、春节、亲戚结婚等）。现在农二代一年回去只有一到两次，清明节回去一次、春节回去一次，跟农业生产活动相关的基本都不回去了。因为他们已经不搞农业了，把土地要么交给老人、要么流转出去，所以中国的土地流转率已经能达到40%。另外他们回村以后也不住在村里，住在县城的宾馆；回村以后也不讲家乡话，他们讲北京话、上海话、浙江话，就是不讲老家话。原因是他们想尽一切办法疏离村庄。这就带来了一个非常大的问题，就是农二代未来落在哪儿。农二代落在哪儿直接决定了农三代未来落在哪儿，也决定着农一代未来的生活方式。这实际上是整个中国乡村的轴。

第二类是农三代，他们现在面临的问题就是在哪里构筑未来。现在农三代在城市出生，整个生活方式和城市孩子是一样的。但是农三代的身份还是农村身份，这就是我们现在面临的核心问题——农三代物质和心灵的割裂。比如说他们的物质已经小康了，但是他们的心灵非常尴尬。很多城里上学的农三代孩子在小学就受到不公平的教育，在初中不能继续接受城市的公平教育，到了初三的时候就要回老家，这种教育的不公平导致的割裂对我们整个社会的影响是非常大的。现在面临的很大问题就是农三代未来到底是跟农二代一样延续他们的生活方式还是将未来城市化。

最后是农一代，他们现在面临的问题是如何老去。农一代基本上是农业的主人，但他们面临的问题就是老了，已经干不动了，农业的主人在远去。同时，农一代也成了孤守在家里的主人。我们原来讲中国的乡村问题是留守儿童、留守老人，但我们对留守老人的关注是不够的。农一代基本上是在空守家里，一边种着儿子交给他的地，一边空守着家里的房子。很多农村老人觉得没有意思，原来还有孙子孙女在旁边，还愿意做饭，现在就剩一个人，饭都懒得做，一天就吃一顿。所以我们说这些人是空守在家里的主人。然后就是他们精神和心理的变化，非常孤独。他们干不动农业以后觉得自己没有价值了，精神上非常绝望，这就是为什么农村那么多老人自杀。所以农一代如何老去是一个问题。这三代人面临不同的问题。我们很多人讲乡村振兴就是把农民搞回去，如果回去都变成这样了，这个乡村还有前景吗？

功能失衡的第二个问题是"业"。传统乡村的业从来都是非常丰富的，但是现在的最大问题就是业变得越来越单一。这是中国乡村从来没有过的。但这种单一并不是和西方一样的专业化，而仍然是小规模的、一家一户的单一农业，且回报极低。农民原有靠农业和副业之间的互补模式被打破了，农民无法只靠农业保证家庭稳定，只能往外跑，但是跑了以后农民和土地之间的关系没有发生改变。虽然中国的土地流转率不低，但是由于业非常单一，流转后要素匹配不够，农业的成本上升，多了租金的成本、机械化的成本、雇工的成本，回报更加降低。

但同时乡村产业多样化非常困难，因为乡村产业多样化是需要条件的。日本的乡村搞六次产业，但主要在山区和自然风景非常好的地方，农业区域很少有搞六次产业的。我们再看中国，中国的一二三产融合哪儿都在说，但是做成的非常少，因为不是所有的地方都能够把产业多元化的。日本人讲 $1 \times 2 \times 3$ 等于6，但如果1（一产）是0的话，融合结果还是等于0。所以一二三产的融合一定是以农业为核心的，如果农业没有做强，是带不出二和三的。我们现在看很多的地方是先从三做起，旅游、摄影、自然教育，但没有用。只有和一产关联起来的二、三产融合才有希望。所以乡村产业多样化的核心还是要回到农业如何发展。

功能失衡第三个问题是住宅与农民财富积累。当前村庄最大的面貌改善是住房改善，但背后实际上反映了我们城乡关系里的农民和城市收入差距的根源问题。农民离土出村在城市打工，挣了一些积蓄，但这些钱基本上都汇款回村盖成了房子。后来我就思考一个问题，中国的农民和城市市民在城乡差距上的根源在哪里？其实就是在于财富积累的方式。1998年房改以后，城里人的财富积累见长，是因为住宅商品化以后住宅变成了财产。但是农民在城市打工挣的钱没有办法在城市变成财富，最后只能变成在乡村盖的房。但是乡村盖的房子利用率非常低。为什么我们现在做乡村规划的时候很多地方都提出要想办法把农民的房拆了，我原来也提出让农民聚到一起社区化。但这次我在松阳调查，松阳大多数农民在县城买房了，但我问他们这个房子能不能归集一下？农一代根本不接受。农民说："这个房子是祖祖辈辈积累起来的，动我的房子就是动我祖宗的魂，就是败家子。"还有农民很看重住自己的房子里自由自在的感觉。

农二代基本上在县城买房子了，未来他们到底是在城市落下来，还是继续在农村盖房，核心是农民财富积累的地点在哪里。如果农民不能跟城市人一样将积累的财富变成资产，城乡收入差距还会进一步拉大。所以未来只有两种路径，一是让农民跟城里人一样可以积累财富，二是让农村积累的财富变成住房后也能变成财产。

功能失衡第四个问题是"地"。土地的核心问题是土地破碎、利用效率极其低下、不经济。我们试图通过扩大规模解决问题，但发现规模户并不盈利。很多公司把规模扩大后，发现老百姓并不能用心经营，最后还得回到由一家一户来种，原因就是全世界的农业只有家庭农业是最合适的。农民种自己的地最精心、最爱护，这是全世界的铁律。同时，老百姓大量盖房占地，在自己地上盖完又去路两边盖房占地，还有坟墓占地。坟墓占地是乡土文化，家族把坟墓建设得越来越奢华，希望家族兴旺、实力强大。但土地的使用无序导致乡村发展无地可用。

因此，乡村整体功能失衡，不是某一个要素出了问题，而是出现了人、地、业、村的失调。要解决乡村系统失衡的问题要反思两个方面：一是城乡的形态；二是在中国工业化和城市化的结构转变下，乡村的系统如何重构。

三、城乡融合形态下的乡村系统重构

继续大规模的工业化和城市化能否解决中国乡村这轮的功能失衡问题？这是我们需要反思的。在快速大规模的城市化以后城乡形态到底是什么样的？我们看到世界各地的情况是，在城市化经过快速扩张以后，将出现一种城乡融合形态。

（一）城乡融合的形态（以美国为例）

第一，美国在快速的城市化以后，明显出现了都市区和非都市区。同时，在都市区内部出现了中心城市和郊区，实际上形成了三个空间形态：中心城市空间、城市的外围郊区、非都市区的乡村和小城镇。这是一个城乡融合的形态，既不是只有城市没有乡村，也不是重建乡村。我认为城乡融合的形态应该是一个长期的

形态，不是一个过渡形态。城市化率达到 70% 以后，整个城乡形态转型过程中郊区化是一个必然，而且牵引力主要来自郊区化，就是郊区人口的增长和人口总量高于中心城市和小城镇。也就是说中间的郊区形态开始成为人口聚集和增长最快的地方。

第二，乡村和小城镇的发展。美国城市化率 70% 以后没有出现农村地区和小城镇的衰落，因为乡村经济不是走向单一化，而是走向多样化。大家看从 1974 年到 2015 年期间，美国非都市地区的县有农业依赖性、制造业依赖性、采矿业依赖性、政府依赖性等，经济形态不是只有农业的区域。同时乡村经济的非农化、多元化非常明显。从 1969 年到 2019 年期间整个乡村产业不是只有农业的形态，其业态非常丰富（见表 1）。但我们的城市化和工业化过程是把城市变成人口聚集的地方、把产业聚到园区，乡村变成单一发展农业的地方，这个是需要反思的。

表 1 1969—2019 年美国乡村和小城镇产业结构

	1969 年	1979 年	1989 年	1999 年	2009 年	2019 年
农业服务、林业和渔业	1.10%	1.24%	1.52%	1.92%	1.43%	1.56%
矿业	2.56%	3.12%	2.21%	1.35%	1.84%	1.77%
建造	5.30%	5.96%	5.43%	6.25%	6.48%	6.25%
制造业	23.81%	22.04%	19.78%	17.25%	11.01%	11.47%
交通及公用事业	4.91%	4.79%	4.51%	4.41%	3.91%	4.21%
批发贸易	2.82%	3.93%	3.61%	3.39%	2.75%	2.64%
零售业	17.06%	16.74%	17.66%	17.92%	11.84%	11.05%
金融、保险和房地产	4.91%	5.43%	4.93%	5.30%	6.95%	7.42%
服务	18.00%	18.69%	22.42%	25.09%	35.86%	37.34%
联邦文职人员	2.22%	1.83%	1.62%	1.28%	1.32%	1.17%
军队	3.24%	1.83%	1.89%	1.14%	1.05%	0.91%
州和地方	14.06%	14.39%	14.41%	14.71%	15.58%	14.20%

第三，城乡差距。美国城乡居民收入差距是不断缩小的，都市区和非都市区居民收入比差不多只有 1.3。最近我去浙江调研，当地人骄傲地说他们的城乡差距只有 1.6，实现共同富裕了。城乡差距的缩小会导致整个空间形态改变，但如果只是单一城市化发展模式，城乡的差距是不能缩小的，因为要素只往城市去，不往乡村跑。

第四，城乡差距缩小，最后达到城乡融合的形态，非常重要的特征就是城市和乡村之间是一个连续的等级空间。城乡不是两极化的形态，从城市到乡村有等级，有功能的划分，但空间是连续的。但中国的城乡最要命的是空间完全割裂，城不像城、乡不像乡，背后的逻辑是城乡二分法。城乡融合的形态就是让城市和乡村不再是对立的，是相互联系的。城市和乡村没有优劣之分，只有功能的分别和发展程度的差异。

可见，在城乡融合形态下，农村地区开始出现重大变化。首先是业态，乡村的工业和服务业不断发展。二是人口的变化，大量的非农人口出现在乡村。三是公共服务的变化，一些社会设施、自然设施在乡村建设。最后是社会特征开始重叠，城乡的边界开始模糊。但当前我们的城市和乡村之间边界非常分明，城市就是城市，乡村就是乡村，城市高度发达，乡村要财政补贴。我们的社会特征也是分离的，农村人和城里人差别很大。我们现在要做乡村振兴这个事，首先就是要改变原来二分法的模式，要从城乡分割的二元分立模式转向城乡融合模式。这背后是理论和规律的认识问题。

（二）城乡融合下的乡村（以东亚特征为例）

那么在城乡融合形态下乡村会怎样？这个需要进一步研究。我们看东亚地区（和我们国家的情况比较像），在整个城市化以后乡村没有消灭，乡村也没有走向土地规模化、农民专业化、乡村产业单一化。

1. 农业收入多元化与身份多元化

首先，农户人口的减少是基本规律。大家看东亚的日本、韩国、中国台湾地区都是如此。但是在农户减少的情况下，农民的收入不是单单只依赖于农业的收入，而是非农收入，而且是多元化的，既有农业的收入，也有农业外的收入，也有财产的收入，也有各种转移的收入。这给我们一个非常大的提醒，单一的城市化来解决农民收入来源的问题是要打问号的。农民收入一定是靠多元化来支撑的。

其次，收入来源的多元化背后是农民职业的多角色化。欧美农民具有专业化特征，但东亚的农民长期保持兼业状态，只是兼业的方式发生了转变。第一阶段是以农业为主、工业为辅；第二阶段是以工业为主、农业为辅。农户职业身份不是单一的职业化，因为专业化的农业支撑不了农民的收入来源。未来的农民职业在城市有工作，在乡村也有事做；收入在城市增加一块、乡村也留一块，这可能是东亚乡村的主流形态。

最后，未来的农业到底会怎么样？核心是农业要素重新组合。我们的农业要素扩张是单一的扩张，要么扩大土地规模，要么扩大机械化，要么让企业搞农业。

但是东亚的农业是在整个社会结构转变过程中实现农业要素的重组：土地、资本、劳动、机械、服务等在寻找新的组合匹配方式、重构方式和升级方式。不是单一要素的扩张，而是整个要素的匹配重构与升级。农业的工业化过程就是要素组合的过程。在要素组合匹配过程中，农业的生产率就提高了，成本也降低了，农业报酬就高了。所以东亚的农业是一个要素匹配度提升的过程，农业就变成一个有竞争力的产业。

2. 农业工业化与乡村经济活动复杂化

东亚地区在农业工业化、农业要素组合升级的同时，乡村的经济活动开始复杂化。我们看日本，日本的乡村长期保持了传统的手工业。日本在城市里也可以买到几百年积累的手工业制造的产品，很多产品是在乡村地区生产的。所以日本乡村工业的香火从来没有断。

日本的乡村经济活动不是简单的六次产业，而是一个乡村工业不断精细化、乡村经济活动不断丰富、农业回报率不断提高的过程。所以通过要素的组合来推进农业工业化，是保持乡村经济活力的方法。

表2 日本乡村工业运营相关情况

	占地面积（ha）	运营企业数（社）	从业人数（万人）
1975	4632	577	4.4
1980	5986	1548	10.6
1985	8698	2860	22.4
1990	12785	4725	36.6
1995	15875	6622	47.7
2000	17072	7456	51.8
2005	17589	7889	52.7
2008	18351	8281	59.6
2014	19414	8921	61.6

3. 土地经营的规模化

东亚地区一直保持着小规模的农业，但是小规模的农业可以通过农业的协同组合来实现农业服务的规模化。就是说农业的种植规模是小的，但是农业各个环节的服务是规模化的。农业一定要找到规模化的方式，否则无法实现规模报酬，农业发展会陷入僵局。日本的农业从来没有出现像欧美那样大规模的农业，这是资源禀赋决定的；但农业规模效益是从农业生产以外的环节里实现，比如日本通过专业农协实现了农业其他活动的规模化。

4. 村庄聚落变化与功能转型

以日本为例，在城市化过程中村庄人口不断减少，也出现过乡村人口过疏现象，但是乡村没有普遍走向衰落凋敝，而是根据人口数量、结构和需求变化出现了调整和转型。政府对农业农村的财政支持、对乡村公共品和公共服务的提供，保证了乡村规模的合理化和基本公共服务的均等化。日本的乡村不是我们想象中的高度活跃，而是高度的体面。所以东亚地区的城乡收入基本平衡，没有出现城乡差距的扩大。

表 3　日本按政策分的农林水产省预算（单位：亿美元）

项目		2010 年	2015 年	2020 年
年度预算额（未经追加）		245.19（100%）	153.21（100%）	181.57（100%）
按项目分	确保粮食的稳定供应	32.36（13.20%）	11.42（7.45%）	12.60（6.94%）
	农业的持续发展	120.07（48.97%）	97.21（63.45%）	114.30（62.95%）
	农村的振兴	10.65（4.34%）	6.71（4.38%）	7.01（3.86%）

所以，从国际经验上我们来重新审视城乡融合的状态。在城乡融合下乡村出现了农业的复杂化、农业工业化和职业多角化、农业经营服务的规模化、农民收入的多元化，最后形成了城乡的平衡发展。

四、从城乡二分到城乡融合

（一）城乡二分下的快速城市化困境

中国特色的城镇化，是在城乡二分制度下的快速城市化。通过土地征收、出让，配置给城市、园区；农民进城打工到一定程度再回到乡村，这个过程快速提高了中国城市化率。但是中国城市化率接近 70%，形成了一半城市、一半乡村的格局后，接下来应当如何解决乡村问题？

继续走快速城市化结果是带来巨大的城乡差距。我国城乡差距最小的时候是改革开放之初，主要的原因是城市化率低，而且乡村开始向农民开放权利，比如包产到户、乡镇企业。开放权利带来的结果是乡村农民收入的增长快于城市居民收入增长，所以城乡差距开始缩小。到了第二个乡村工业化阶段，城乡收入差距开始拉大，因为城市的改革开始启动，对城市人的权利开始扩大，但没有对农民开放权利，所以农民只能在乡村搞乡镇企业，但是乡镇企业带来的农民收入增长跑不过城里人收入的增长。到了第三个阶段，1998 年以后是中国城市化进程最快的时期，也是城乡差距最大的时候，因为这个阶段一方面城市化进程加速、城市人的权利越来越大，但又没有给农民进城的平等权利，这样就导致城乡差距进一步扩大。2010年以后我们开始扩大农民进城权利，城乡差距开始缩小。所以单极的城市化并不能带来城乡差距缩小。

快速的城市化模式最后导致了两个城市化率，一个是户籍人口的城市化率，一个是常住人口的城市化率。两个城市化率就意味着有将近3亿人漂在城乡之间，但这3亿人最后还要回到乡村，但他们回村以后中国的城市化也好不了。我们的人户分离情况还在加剧，最后的结果就是人回到乡村，劳动生产率难以提高，农业竞争力下降。

所以如果我们继续沿袭单极城市化模式，中国的乡村问题解决不了。我们现在必须要探索和构建中国的城乡融合形态。

（二）城乡融合形态（以佛山市南海区为例）

佛山市南海区为我们提供了一个实现城乡融合的范本。

首先，南海区城乡差距持续缩小，这是非常重要的指标。广东南海现在的城乡差距只有1.47，基本上跟日本、韩国、中国台湾地区差不多了，这是我们梦寐以求的。

其次，南海区保留了村镇工业化。工业化不能只在城市和园区，那样城乡融合是实现不了的。我们现在很多地方产业升级都是在讨论城市的产业升级和怎样建设园区，中西部地区做了那么多园区最后起来的没有几个。南海为什么能实现城乡融合？非常重要的就是它的工业化道路是在乡土中长出来的。他们的村级工业园区用地都是在乡村里。工业化一定不能把乡土的工业化完全搞荒了，如果乡土没有工业化，只有农业，乡村就会出问题，这是脱离中国乡村系统基因的。同时南海不只有村级工业，镇街也有工业。南海区的工业增加值在街镇分布得非常明显。

最后，南海区城乡空间形态是融合连续的，而非区隔断裂的。一是整个南海的产业空间、农业空间、城镇空间和生态空间是高度融合的，不像其他地区产业只在园区和城市的地区。南海的各类功能区块（农业、城镇、工业和生态）也是高度聚集的。二是用地的融合，国有建设用地和集体建设用地两种所有制用地也是高度融合的。很多人说南海就是靠集体土地、违规占地，最后导致了大量的历史问题、乡村的问题。我说这不是问题，是一种城乡融合形态，背后是两种所有制用地的平等。三是城乡空间形态的融合连续，镇是产城融合的载体和空间，成为了城乡融合的接点。整个南海从城到镇到村之间形成功能的区隔和空间的融合。所以城乡融合不是不能做到，可以按照城乡融合形态来构筑城、镇、村的形态。

五、乡村振兴的路径

讨论清楚城乡融合形态作为解决中国未来城市化、工业化、城乡关系重组的关键之后，接下来就是乡村振兴的路径，有四大方面：

（一）农业工业化

现在大家都觉得农业没法弄，因为农业报酬太低。整个中国的农业 5% 的 GDP 是由 30% 的人来搞的，而西方农业 2% 的 GDP 是由 2% 的人搞的。这里要思考的问题是：中国农业份额降到 10% 以下后，中国的农业如何搞？农业的目的是服务城市和工业，所以如果农业的附加值不提高，农业就不可能起来。所以我们首先要讨论农业的两个份额的问题。

中国首先面临的问题是要把 30% 搞农业的人降到 5%，最后降到 2% 左右的人来搞 2% 的农业，这样农业才能强。日本的农业经验是农业工业化，将农业要素重组。比如贵州遵义湄潭原来是非常贫困的地方，但这个地方的农业形态和其他地方不同，人、地、业、村的系统已经发生了重构，其中非常重要的就是农业融合。我们现在讨论工业化时往往只是把工业化等同于一种技术进步，这是错误的。工业化的本质是什么？工业化的本质是生产要素组合方式由低级到高级的变化，这样工业化就不分产业了，农业也可以工业化。一个传统地区的农业产业如何工业化？核心是实现要素的组合。农业的工业化首先要打破原来产业的细碎化和土地规则。湄潭做的第一件事是将它的产业集中到禀赋最优的茶产业。其他的地区农业为什么搞不上来？因为农业没有找到产业规模化的方法。产业规模化关键在一个县只能形成一到两个主导产业，但现在很多地方的主导产业都做得很多，结果就是找不到要素组合规模化的方式。农业产业只有不断聚集以后，生产率才会提高，这是铁律。农业生产率和土地生产力如果不能同步提高，农业产业是没有希望的。湄潭农业生产率和土地生产率都在不断提高，所以湄潭也能实现跟南海一样的城乡收入比。

南海靠城乡融合来实现城乡差距的缩小，而湄潭靠乡村的工业化来实现城乡差距的缩小。首先是政府非常重视对主导产业的选择，一定要选自己最有优势的产业，不能选多，也就是一到两个主导产业。其次是政府在选择主导产业之后要进行持续的培育，对农民进行培训，进行市场建设，培育公共平台，保证产品质量，这些都是要政府做的。还有一点非常重要，就是政府要信这件事。现在很多地区政府不愿意干农业，因为太慢了。一个主导产业工业化的过程要 13 ~ 15 年。湄潭最重要的就是持之以恒推进农业工业化的道路：一是将土地面积不断集中到主导产业；二是不断扩大经营主体，湄潭的农民并没有都跑到外面打工，而是大量变成专业的茶农；三是组织优化，在湄潭的乡村出现了大量专业组织、企业、加工厂，乡村组织的复杂化开始出现；四是技术的进步；五是市场发展。这些都是在乡村发生的，是非常重要的农业工业化道路。

如何提高中国农业的竞争力，最重要的秘诀是提高单位土地回报。哪个地方找到了提高单位土地报酬的办法，哪个地方的农业就有希望。寿光建有基本上是全世界最大规模的设施农业和大棚，大棚农业的核心是提高单位土地的报酬。整个寿光的农业就是在一个大棚里发生的农业要素组合：通过农业技术物联网对农业各种参数进行监测，同时农民成为新农民，接受再教育培训，对现代农业认可，最终实现了单位土地报酬的提高。南海的农业是鳗鱼养殖，1 亩地的租金 1 万，平均收入每亩可以达到 2 万。浙江的海鲜农场，每亩收入达到了 3 万。这就是提高单位土地的报酬。

最后是乡村经济的活化。现在乡村经济的最大问题是单一，关键是要恢复乡村经济的多样化。然后要提高农产品的复杂度。我们看日本和中国台湾地区，农业的复杂度非常高，背后是知识含量，农产品提高知识含量以后复杂度就提高了，价值也就提升了。破解乡村问题的核心就是破解乡村的业。

（二）人的城市化与乡村换人

第一是要大力推进人的城市化，解决中国两个城市化的问题。人的城市化关键是让那几亿人在城市落下，而不是回村里。未来 2% 的农业 GDP 只要 2% 的人来做，农业和乡村才有希望。所以农村还有 20% 的人要想办法在城市落下，关键点就是农二代必须落城。农二代如果跟农一代一样回到乡村，中国就回到了乡土中国。这样中国乡村无望。

第二是人在城市落下来以后，乡村也要换人。现在很多人讲乡村振兴就是把当前乡村人口专业化、职业化。我认为不对。人口城市化以后乡村是要换人的，一是让部分出村的人回流，但一定是愿意到乡村做事的人回到乡村。二是一些搞农业的企业要进来，未来的农业要由企业家来组合农业的要素，否则就没有主体。

三是让一部分喜欢乡村生活方式的人到乡村。湄潭现在已经有 6000 名从全国各地去的人，松阳也有很多去乡村居住、旅游的人。四是对乡村有想法的人，比如松阳的先锋书局就是一种乡村新业态。有了业就有人，其他相关的产业就聚集过来了。乡村的人在变、业在变、观念在变，留在农村的人就可以被改造。乡村的人一定要实现一场重构。

（三）地的改变

乡村的业、人改变的过程中，一定有地的改变。第一是人地关系的重构。中国传统的乡村内卷、贫困是人地关系不断紧张的结果。未来必须实现人地关系的重新匹配，2% 的农业由 2% 的人来干。第二是乡村土地的重划。我认为中国需要一个国家战略来解决乡村土地的破碎状态。土地碎化的结果是什么？就是搞农业不积极，搞工业也不积极。城、镇、村高度分割，农业用地不规模、工业用地不规模、城市用地也不规模。我认为中国乡村需要按照土地的功能进行用地重划。如果完全按照用途和守底线方式，没有办法解决中国用地的碎片化问题。我们守住了量，但是这个量不能支撑生产能力，也不能支撑土地的利用效率。比如说以粮食安全为目标，重新进行土地规模化重构，就需要在用地管制、耕地保护、生态保护和安全底线这些方面，围绕整个中国乡村进行土地重划。第三是在制度上要解决集体所有权下的承包权和经营权的分置问题，核心就是解决新的主体进入乡村以后，农业企业家和规模化经营主体的权利保障问题。第四是宅基地的改革。在保证农民宅基地财产权利的同时，让新的主体也能在村里落下来。第五是乡村产业发展，需要集体建设用地与国有建设用地同地同权。

（四）村落重构

在业、人、地改变以后，一定有村庄形态和功能的变化。第一，村庄变化要围绕农业发展方式，重新思考村落的半径问题。现在农业发展方式变化以后，村落的半径可以适当扩大。第二，村庄聚落要跟着功能来变。传统村庄具有保护功能，现在的村庄很大程度是文化功能，强调聚落的功能、记忆的功能、历史的功能和寄托乡愁的功能，所以乡村的适度聚集不能脱离乡村的这些功能。中国未来的乡村是肯定要缩减，但不是缩减成城市社区，而是要实现村庄应有的功能。第三，未来的乡村要解决基本公共服务的到位与体面。第四，村落要解决老人的精神和文化寄托，让老人在乡村有适度聚集的文化场所，特殊情况可以喊到人，改变他们的绝望和寂寞。第五，村庄要成为乡愁寄托的地方，让农一代在乡村体面地老去，让农二代把乡村变成诗和远方。第六，乡村要开放，成为一个驿站，各种对乡村有想法、愿意到乡村生活的人可以到乡村去。

我们讨论中国乡村振兴的问题，一定要在一个整体面上讨论中国乡村的未来。乡村是一个系统，人、业、地、村四者之间形成的有机系统是我们乡村的魂。单要素改变乡村的结果就会导致乡村系统的失衡，必然带来整个乡村的衰败。重构中国的乡村系统，就是要认识中国城乡融合的形态，推进城乡融合的路径，重构城乡转型的方式。最终的结果是城市更好，乡村同样更好。

我觉得中国未来是有路的，但需要有思维的改变。要有系统的思维、要有历史认知，还要有未来的责任。中国的乡村不可能消灭，未来100年再看我们给后代留下了什么样的乡村，这是我们每个人要思考的问题。

（作者系中国人民大学经济学院党委书记、院长，教授、博士生导师，教育部"长江学者奖励计划"特聘教授，本文由作者在清华同衡规划设计研究院"同衡大师讲堂"的主题讲座整理而成）

◎责任编辑：游斌

县乡连线

解好新型农村集体经济发展壮大难题

⊙ 侯铁夫

　　慈利县是一个农业大县，总人口 71 万人，农村人口占比 76.4%。2019 年，全县村级集体经济"空壳""薄弱"村 216 个，占全县行政村总数的 51.8%。为扭转这一局面，慈利县坚持聚焦"强基、消薄、壮优"三个关键，持续用力、久久为功地推动村级集体经济呈现出多点开花、全面增强的良好发展态势。截至 2021 年底，全县 417 个涉农村（社区）实现集体经济总收入 3965.4 万元，比 2019 年的 2281.01 万元增加 1684.39 万元，增长 73.84%；"空壳村"全面清零，"薄弱村"消薄率达 77.27%，集体经济收入超过 10 万元的村占比达 32.32%，并涌现出三元村、茶林河村、临江社区等 6 个超 50 万元的集体经济强村。

高位谋划绘蓝图，"培根强基"聚合力

　　发展壮大村级集体经济，必须做到系统考量，规划先行，上下同心，各方发力，构筑发展的坚实基础。慈利县委从组织领导、发展路径、要素支撑等方面发力，打出一套"组合拳"。

　　上下联动齐发力。由县委县政府主要领导担任双指挥长的县发展壮大村级集体经济指挥部成立，明确组织、财政、农业农村等 21 个部门为成员单位，各乡镇相应成立工作机构，定期召开联席会议，解决疑难问题，构建起了"党委统一领导、组织部门牵头、领导联点指导、职能部门共帮、乡村为主实施"的齐抓共管格局。

　　规划引领明路径。总结分析全县村集体经济发展过程中的经验

做法和困难瓶颈，提出以农村集体产权制度改革和"三变"改革为总方向，以"帮扶一批薄弱村、巩固一批进步村、奖补一批先进村、创建一批典型村、打造一批示范产业园"为扶持措施，以"资源盘活型、物业经营型、产业发展型、生产服务型、股份合作型"等为发展模式的"165"总体思路，为全县集体经济发展指明了发展路径。

聚集要素强支撑。注重解决政策、资金、人才、机制配套问题。县委研究出台《慈利县农村集体经济"消薄攻坚"行动实施方案》《慈利县农村集体经济发展三年行动计划（2020—2022年）》《慈利县农村集体经济发展五年行动计划（2023—2027年）》等文件，在集体经济组织用地、税费征缴、项目建设等方面给予政策红利，着力推进乡村产业人才倍增工程，回引、培养、培训各类产业管理人才、市场营销人才、技术人才、策划人才165名，鼓励支持各类人才实施产业项目53个，带领村集体经济组织和农户发展产业。同时，研究出台《慈利县村集体经济组织财务管理办法（试行）》，实行行政村与集体经济组织分账核算管理、集体经济组织账"乡代管"，确保集体经济组织良性运转、集体经济收益"颗粒归仓"。

精准施策抓扶持，"破壳消薄"增内力

实现"薄弱村""空壳村"清零，是巩固拓展脱贫攻坚成果和推进乡村振兴工作有效衔接的重要任务之一。推动村级集体经济发展壮大，难点也在"薄弱村""空壳村"。如何破壳消薄？慈利县坚持"输血、造血、活血"三管齐下，打响了一场消除"薄弱村""空壳村"的集中攻坚战，增强自身发展内力。

刚性投入重"输血"。按照"精准滴灌到村"的原则，2019年以来，县财政累计投入1.2亿元，扶持183个薄弱村和14个"空壳村"，向"薄弱村""空壳村"倾斜水、电、路、网等基础设施项目267个，产业发展项目349个；今年继续整合资金1100万元，重点向"薄弱村"倾斜，打好"消薄"攻坚战，用刚性投入解决启动资金短缺和基础设施支撑不够的问题，增强了发展信心和动力。

盘活资源强"造血"。全面梳理整合村级资产资源，将政府投资形成的农村供水、小型灌溉、垃圾处理、文化娱乐、房产物业等资产依法划转给村集体统一经营管理，使资产变资源，发挥"造血"功能；全面清理、评估现有村级集体资产资源发包（租赁）合同，依法依规解除不合法不合理合同，重新在农村产权流转交易平台统一交易，赋予闲置资源"造血"能力。

合作共建求"活血"。大力推进村企共建、村社合作，撬动社会资本、金融资

本注入集体经济组织，吸引新型农村经营主体与集体经济组织共建共享，凝聚社会力量发展集体经济；针对部分资源匮乏的"薄弱村""空壳村"，探索发展"飞地经济"，将政府扶持资金入股到县乡龙头企业，取得稳定分红收入，实现脱壳消薄。

改革创新显成效，"抱团壮优"添活力

实现集体经济全面提质增效，需要发挥"以强带弱"作用，"先富"带"后富"。慈利县积极改革创新，从连片开发、品牌打造、示范创建入手，引导村级集体经济组织抱团取暖，壮大优势产业、优势村社，迸发出强大的发展活力。

连片开发，凸显规模效应。在全县 4 个乡镇探索建立乡镇合作总社，以融合化、市场化、规模化为主攻方向，将分散到各村的扶持产业、扶持资金、土地资源、闲置资产等有效整合，抱团取暖，整乡推进，将农村各类生产要素从"一盘散沙"握成"一个拳头"。先后实施了岩泊渡镇"菜篮子"、零溪镇"米袋子" 2 个农业产业园建设，甘堰土家族乡 5000 亩优质稻、二坊坪镇 1200 亩清水鱼养殖和金岩土家族乡万亩矮化杜仲林项目等，带动 70 个村集体经济收入超过 5 万元、25 个村超过 10 万元、2 个村突破 50 万元。

特色打造，释放品牌效应。依托"硒有慈利"县域全产业公用品牌和慈利乡村振兴馆，推动农村集体经济产品产供销一体化，坚持"一村一品""一村一策"，引导全县各地开发富有地域特色的农特产品 99 种，苗市丑柑、朝阳冲红薯粉丝、一界农户蜂蜜、三合茶叶、洞溪"七姊妹"辣椒、岩泊渡镇"澧兴"香葱等品牌闻名周边市县，已成为当地集体经济支柱产业。

示范创建，发挥样板效应。围绕"组织强、环境美、民风淳、产业兴、村民富"，在全县选取 45 个村创建乡村振兴示范点，每个乡镇（街道）选取 1～2 个经济强村打造集体经济发展示范点，安排县直单位联系帮扶，每年为示范村投入资金 30 万元，着力在集体经济发展模式、运营管理、利益链接等方面积累成熟经验、树立一批典型，打造一批样板，其中 3 个村入编《湖南省集体经济百村案例选》，带动全县发展资源型产业 165 个，发展股份合作型产业 123 个，发展物业型产业 14 个，发展加工带动型产业 31 个，发展文旅服务创收型产业 16 个。

（作者系湖南省慈利县委书记）

◎责任编辑：汪义力

务必正视基层的新情况新问题

⊙ 罗峰

近来，全国各地发生多起事件，教训深刻，发人警醒。当下，基层社会与基层工作的生态发生新变化，出现新问题，面临新挑战，基层治理体系与治理能力亟待提升。

一段时间以来，传统农业生产组织瓦解，很多村庄的集体组织濒于涣散，集体组织的劳动形式不复存在。如今群众基础发生了多方面变化，代际更迭使得群众对党的认同已经从过去的感情认同，转变为法理认同和利益认同；市场经济导致社会利益多元、多样、多变，利益诉求呈现碎片化。群众的集体意识也随之淡化了，不少群众认为所有的事务政府都会来做，都该由政府去做，于是出现"干部忙了一身汗，群众还是不点赞"的现象。

基层干部是党和国家事业的基础性力量，是联系群众的纽带。基层干部队伍经历几次代际更迭后，思想观念、生活方式、工作方式与老一辈党员干部有了很大的不同。一些基层干部，特别是青年干部常常耗在办公室里做资料、台账和表格，少有时间到一线直接接触群众，缺少老一辈干部工作做到田间地头的踏实作风，与群众打交道的意识、能力和作风亟待提高。

基层治理本质上是面对面的群众工作。市场化情境下基层治理面临的问题更加多元，群众的需要更加多样，且难以标准化；"小问题""微需求"琐碎，且无规律性。大包大揽，一把"钥匙"难开所有的"锁"，因此基层的基本公共服务需要"包罗万象"的有效供给。如果公共事务缺乏群众参与，群众仅仅是喂养式服务的客体，就必然会"等、靠、要"，"坐在屋里打麻将，躺在门口晒太阳，等着政府送小康"。久而久之，基层就容易造成被动等待、反向依赖的"巨婴化"，染上基层治理的"政府依赖症"。而且，以互联网、通信技术为依托的技术治理方式向基层社会引入，基层治理越来越规范，又促使基层治理趋向科层官僚化、责任无限化。现代技术治理体制并不必然带来基层治理能力的提高和基层治理现代化。

乡镇一级在不断膨胀，甚至村一级行政化趋势日益显现。"上边千把锤，下边一根钉"，基层权力小，责任大，事情多。村已经成为事实上的一级行政组织，承担了很多本应该由上级行政组织负责的工作。村干部"上管天，下管地，中间管空气"，成了事多、会多、迎检多的"村三多"。在严格的考核制下，村干部基本上跟随基层党委政府的指挥棒在开展工作，不断地接待上级检查、督查、考核，面临着自由裁量权的压缩和问责风险的压力。

近些年村庄治理的规范化、制度化和标准化程度不断提高，办事留痕已经渗透到了村级治理全过程。基层管理的规范与程序越多，"钦差"下乡督查也就越多，基层事务层层分解、层层督察。"干部干，群众看，钦差大臣当裁判"。基层在实践中出现问题，就会印发通知，让基层都打上规范与督查的补丁。制度套制度，叠床架屋，左支右绌。基层干部就要耗费大量时间留痕迎检，分身乏术，挤压了与群众打交道、谋发展的时间和精力。

总之，基层群众工作呈现出一些"悖论"，交通和通信更便捷了，但干群之间及服务群众的距离远了；乡村合并使人口更密集了，但引导群众的本领小了；社会更多元了，但凝聚群众的能力弱了；程序台账越来越规范了，但动员群众的效果差了。

1927 年，青年毛泽东花 32 天时间，走访湘潭、醴陵等 5 个县实地调研，获取大量的第一手资料，最终形成《湖南农民运动考察报告》，为农民运动实践提供了理论上的指导。党的十九大报告中，习近平总书记以居安思危的强烈忧患意识告诫全党脱离群众的危险。基础不牢，地动山摇。进入新时代，乡村依然是中国现代化的稳定器和蓄水池，是中国社会的缓冲垫。

守正创新，做好新时期的基层工作，就要在党的领导下，把人民群众组织起来，激活人民群众的主体性，依靠人民群众自我治理，基层治理扁平化；结合基层工作实际，深入开展"干部能力提升年"活动，尤其注重提升年轻干部的基层工作能力；完善对基层工作的考核激励办法，减少各种各样的形式主义和官僚主义，真正为基层减负赋能，基层治理高效顺畅、生机勃勃，基层社会祥和安宁、长治久安。如何具体细化落实，这是亟待解决的重大课题。

（作者系原湖南省茶陵县委常委、县委办主任，现任株洲市社科联党组书记）

◎责任编辑：汪义力

驻村第一书记如何找准职责定位问题

⊙ 曹春晓

"驻村第一书记就是书记吗？""你是管书记的吗？""你是大学生村官还是后备干部？"驻村以来，特别是在走访党员群众过程中，没少面对类似这样的问题，让我一度对破解"我是谁""我要做什么"等疑问，有了更加强烈的渴望。

中共江苏省委办公厅印发的《关于向重点乡村持续选派驻村第一书记实施意见的通知》中明确："第一书记要找准职责定位，充分发挥支持和帮助作用，与村'两委'共同做好各项工作，切实做到遇事共商、问题共解、责任共担……做到帮办不代替、到位不越位。"

由此可见，找准职责定位是驻村第一书记进入状态、发挥作用、担当作为、解决问题的基础。为此，我通过认真学习文件，开展调查研究，结合任职镇村实际，形成了一些粗浅的认识和看法。

一、搞清楚"我是谁"，适应环境是前提

驻村第一书记无法选择自己的任职村，但一定要掌握主动、抢占先机，全面了解派出单位的职能，千方百计获取任职村的情况，尽快找到与任职村的工作结合点。

一是熟悉单位职能。驻村第一书记基本是按照因村制宜、人岗相适原则选派的，选派精准性和供需契合度是比较高的，但未必和第一书记个人具体从事的工作相匹配。这就要求第一书记从单位整体出发，从单位"三定"方案学起，全面熟悉并掌握工作，

找到将单位政策、资源、项目等落地的结合点。

二是掌握村居情况。任职村情况不同，工作重心自然各异，要通过多种渠道，掌握任职村定位、产业、问题等一手信息。对经济薄弱村，就要突出强村富民开展帮促；对党组织软弱涣散村，就要围绕常态化、长效化整顿转化用心用力；对乡村振兴任务重的村，就要聚焦产业发展挖掘潜力，更好地发挥示范带动作用。

三是充分评估自身。农村工作千头万绪，要克服畏难情绪，坚定必胜信心。同时，驻村工作也不是光凭一腔热血就可以胜任的，要充分依靠派出单位，加强与县（市、区）组织部门、农办、农业农村部门、乡镇（街道）党（工）委等的沟通联系，常请示多汇报，结合他们的指示和要求开展工作。

二、弄明白"做什么"，明确目标巧用力

驻村第一书记要尽快转变角色，和村"两委"打成一片，围绕指导建强组织、推进强村富民、优化乡村治理、服务农民群众等主责主业开展工作，注重科学统筹，分清轻重缓急，切实发挥作用。

一是指导村"两委"做好必须做的事情。第一书记的首要身份是党的书记，第一职责是抓好党建工作。而部分农村基层党组织还存在不少短板，甚至出现弱化、虚化、边缘化问题，必须要引起第一书记的高度重视。要坚持强组织、夯根基，以党组织为渠道落实各项工作，实现基层党建与乡村振兴同频共振。

二是帮助村"两委"完善易忽视的事情。农村工作面临"上面千条线，下面一根针"的现实压力，村"两委"忙于事务性的工作，容易忽视一些基础性的要求。驻村第一书记要广泛开展调研，详细了解党员群众的困难和需求，积极推动派出单位为任职村兴办实事项目，帮助村"两委"抓重点、补短板、强弱项。

三是协助村"两委"做成想要做的事情。习近平总书记指出，要"推动各类资源向基层下沉"。驻村第一书记来自机关、企业、院校等，理应结合任职村实际，主动对接上级的各种产业战略、产业政策。在此过程中，要落实好"四议两公开"工作法，充分征求党员群众意见建议，着力实现组织意图与群众意愿相统一。

四是监督村"两委"杜绝不能做的事情。驻村第一书记要坚持廉洁自律，树好自身形象，为基层党员干部做好表率示范。在此基础上，也要坚持原则、敢于斗争，采取理智科学的方式方法，带动村"两委"持续改作风、转作风，加强对资金、资产等的监督管理，做到严守规矩、不逾底线。

三、研究好"怎么做"，角色错位是大忌

驻村第一书记"沉下去"是前提，"融得进"是关键，"干得好"才是目标，要注意工作方式方法，坚持绵绵用力、久久为功，力戒"盲目"心态、虎头蛇尾。

一是不要"另辟蹊径"。任职村本身有自己的发展规划，驻村第一书记不可违背村"两委"及村民意愿盲目上项目。要坚持借外力、聚内力、促合力相统一，与村"两委"协调配合、充分尊重，在谋划时甘当先锋，在拍板时力求一致，既主动担当，又不包办代替，做到到位不越位，有所为有所不为。

二是不可"本末倒置"。第一书记驻村毕竟只是外力，只能助力一时，如果村党组织和群众自身不努力、不主动、不作为，即使外力再大，也难以有可持续的效果。要充分调动村干部和党员群众的积极性，注重培养能够长期带领群众推动乡村振兴的年轻同志，广泛支持并依靠本土人才，让他们站在一线担纲。

三是不得"邀功求赏"。驻村第一书记要力戒"镀金"心态，要明白成绩的取得靠大家，并不是自己一人的功劳，切不可全盘算在自己身上，忽视了对村"两委"和党员群众的肯定。要注重调动村"两委"的积极性、主动性、创造性，努力为他们提供展现才能、成长成才的机会，全方位展示他们的工作业绩。

总之，第一书记职责明确、思路清晰，自然工作顺畅、推进顺利；反之，职责不明则责任不清，盲目蛮干很容易与村里正在开展的工作产生冲突，与"两委"班子发生矛盾，造成人员关系紧张，影响工作进度，必须要极力避免。

（作者单位系中共江苏省委省级机关工作委员会，现任江苏省如皋市九华镇郑甸社区党总支第一书记）

◎责任编辑：汪义力

乡村振兴需要解决好"五个问题"
——基于脱贫攻坚驻村帮扶的思考

⊙ 陈雄飞

乡村振兴战略是党的十九大提出的一项重大战略，是关系全面建设社会主义现代化国家的全局性、历史性任务，是新时代"三农"工作总抓手。推进乡村振兴，要切实解决好"五个问题"。

一、解决内生动力问题

党的十八大以来，随着各地区各部门脱贫攻坚投入力度不断加大，全国共派出几十万驻村第一书记、上百万驻村干部开展帮扶工作，人民群众生产生活水平明显提高，乡村面貌发生显著变化，脱贫攻坚取得巨大成就。与此同时，脱贫攻坚也导致极少数群众滋生"等、靠、要、争"的思想，该自己做的事情不去做，自己能解决的事情不去解决，而"眼巴巴"坐"等"干部来送米送油送物资、环境卫生"靠"村组干部来打扫、遇到领导上门走访主动伸手"要"，"光明正大"地比困难"争"当低保户。他们仿佛把自己的大事小事终身事，全部打包给了政府和驻村干部，自己却不同程度地患上了"软骨病"。更有甚者，部分基层干部也不同程度地"弃守阵地"，把自己的本职工作"让出来"，在各项工作都有上级部门和领导挂帅督导、有其他地区单位对口帮扶的情况下，自己却摆出一副"退居二线""隔岸观火"的姿态，凡事等着别人安排，不积极履职、主动冲锋陷阵。

我们历来倡导众人的事情众人帮、自己的事情自己干。政府要把有限的资源和精力用于真正需要帮助的少数困难群众身上，把有限的资源和精力用在推动地区经济发展、民生改善的关键之处。无论是脱贫攻坚还是乡村振兴，只有完全调动基层广大干部群众的积极性，充分激发其追求发展进步的内生动力，补足精神之钙，主动作为、同心同德，才能"众人拾柴火焰高"，凝聚起谋事成事的强大合力，推动实现乡村振兴的伟大目标。

二、解决"道德风险"问题

乡风文明是实施乡村振兴战略的总要求之一，是乡村振兴"精神层面"的更高追求。尊老爱老、乡邻和睦、诚实守信、热心公益是中华民族几千年传承下来的优良传统，是确保我们所处社会安宁有序的基本要求。但在现实生活中，从脱贫攻坚反映出的问题来看，由于各种各样的原因，道德滑坡现象较为普遍。比如，入户路硬化引发相邻权纠纷，兄弟不和就把老人背走"送"给村委会，为一袋救济粮没有首先发给自己就对驻村工作队冷嘲热讽，借机村委修建产业路有求于己而要挟解决与其他村民的历史纠纷并提出不合理要求，对帮扶干部入户核实收入隐瞒真实情况"哭穷"而事后却修建两层小楼，省吃俭用却花大价钱修建"活人墓"，对乡镇政府、村居干部不信任，威胁辱骂驻村干部等。这些现象有的已涉及法律，究其根源在于优秀的传统文化道德被抛弃，形成"道德风险"，已成为制约乡村振兴的不利因素，如果任由其继续蔓延下去，势必产生一系列乡村社会治理难题，给党和国家事业、人民生产生活带来消极影响。

要大力弘扬社会主义核心价值观，开展文明村镇、文明家庭等乡村文明创建活动，提倡孝老爱亲、勤俭节约、诚实守信、男女平等。以多种形式开展感恩教育、传统文化教育，从培养娃娃着手，抓早抓小、以小带大，促进培育良好家风、文明乡风、淳朴民风，建设文明乡村。深入推进乡村"法律明白人"培养、民主法治示范村创建，加强《民法典》普法宣传，引导群众参与和落实村规民约，树立"主人翁"意识，合力推动提升村居治理水平。

三、解决能力素质问题

村级党组织是党在基层的前哨站、堡垒阵地，扮演着落实上级政策、带领群众发展致富的重要角色，是群众的贴心人、当家人，是基层社会治理的起点和关键。

长期以来，受地方经济发展水平的制约，村级组织财政资金投入不足，村"两委"报酬偏低，扣除养老保险后，每月拿到的报酬不足两千元，与其承担的大量日常工作任务不相适应。尤其是脱贫攻坚后期，村干部与各级下派的驻村队员一样24小时不离村，所有人员吃住在村，实行"半军事化管理"。面对日益繁重艰巨的工作任务，有的村干部开始产生厌倦情绪，甚至主动申请辞职。有的村不得不开始"寻找"后备村干部人选，苦口婆心上门"动员"村里有能力的群众出来"做事"，很明显，由于村干部的报酬太低，仅凭工资甚至不够养活一家人，没有吸引力，动员工作往往是一厢情愿，最终"竹篮打水一场空"。党委和政府显然也关注到了这一"严峻"问题，开始下决心着手改变这一局面，2021年，全省完成了村"两委"换届。本次换届最大的特点，就是普遍实行支书主任"一肩挑"，同时大幅度提升工资待遇水平，作为政策配套予以支撑。这是很好的努力和尝试，有助于吸引优秀人才投身于村级事务管理，发挥"领头雁"作用。但同时我们也要注意到，这一制度设计的初衷和良好愿望能否达成，很大程度上是由"一肩挑"人员的个人修养和能力素质决定的。由于"一肩挑"人员手中的"权力"更集中，用得好就会大大促进村里发展、造福一方百姓，用得不好甚至以此为资本从事攫取私利的勾当，则会对地方产生破坏性影响。如何真正把优秀人才选拔出来担任"一肩挑"这个重要岗位，考验着基层党委政府选人用人的能力水平和精准度。

要树立正确的选人用人观，按照"德、能、勤、绩、廉"标准选拔合适人选，所选之人还要具有时刻与人民群众保持密切联系、愿意随时去感知群众冷暖的优秀品格。要杜绝"小圈子"文化和"家族势力"的影响，从站在党和国家事业健康发展的政治高度，把能干事、想干事、群众信得过的人选出来。要完善年度考核与日常考核制度，探索采取直接由群众无记名评议方式考察村干部，建立跨层级监督机制，落实能上能下的干部使用制度，做到任人唯贤，避免任人唯亲。

四、解决可持续发展问题

产业振兴是乡村振兴的前提和基础，也可以说是乡村振兴的重要物质保障。脱贫攻坚期间，根据考核标准，每个村要有产业项目和集体经济收入。各地为此想方设法大力发展乡村产业，既有种植蔬菜等"短平快"产业，也有投入资金较大、采取"公司＋合作社＋农户"模式的养殖项目，"村村有特色产业、户户有增收项目"，一派欣欣向荣景象。可以说，短时期内能够动员并汇聚大量资源投入脱贫攻坚，这本身彰显了中国共产党领导下的中国特色社会主义制度优势，人民群众的确也从这些产业项目实施过程中获得实实在在的好处，比如土地流转收入、务工收入、入股分红等，村集体经济得到不同程度壮大和发展，为乡村振兴打下了一定物质基础。然而，这样以举国之力推进乡村脱贫致富的做法是特定历史时期采取的超常规手段，实现乡村振兴终究要回到市场经济框架下进行，过多依靠行政干预、采取"运动式"盲目推进的做法也为后期埋下不少隐患，不可持续。比如，大量优质耕地被流转用于大棚种植木耳等经济作物，有的需要对土地进行统一整理，这类项目由于产品滞销，加上引进的公司盲目扩大规模导致资金跟不上，出现巨额亏损而无法继续维持运行，最终项目停摆、土地荒芜，农民收不回土地又无法盘活利用；有的生猪、生态鸡养殖项目，引进时公司承诺最低收购价、每年出栏2批，在投入大量资金修建圈舍和购买设备后，由于种苗、饲料供应跟不上最终每年仅能出栏一批，甚至有的项目第一批出栏就出现明显滞销，还得依靠非市场方式予以"消化"。这些项目停摆后，大量圈舍、设备闲置，所占土地亦无法恢复原貌。少数项目即使后续继续运行，但合作社与公司之间陷入了愈发激烈的博弈局面，约定的资金兑付成为"老大难"问题，合作社及项目处于被"捆绑"在公司身上且无法摆脱的尴尬局面。

脱贫攻坚已胜利结束，乡村振兴的大幕已然开启。在新的征程上，发展乡村产业要结合当地实际，认真按照"八要素"要求，在产业项目选择、资金投入、技术支持、产销对接、人才保障等方面，扎实做好风险评估和可持续性研判，选择符合当地实际、具有发展潜力的产业项目予以实施，选好和培育产业带头人，培养一批扎根农村的新时代职业农民。要尊重产业发展客观规律，不盲目寻求规模扩大、不急于追求短期利益，要在项目初期可维持的基础上，做好长远发展规划，确保资金投入、技术保障可持续。要以市场化、法治化方式解决脱贫攻坚遗留问题，有效盘活资源、化解存量问题。不能因问题复杂、牵涉面广就怕担责任、畏难不前，对问题"视而不见""听之任之"，要及时主动、实事求是处理问题，为乡村振兴扫清发展障碍。

五、解决营商环境问题

脱贫攻坚极大地改善了乡村基础设施面貌，高速公路联通各县，农村公路提级改造，物流运输直达乡镇，互联网深度嵌入，路、电、水全部延伸到千家万户，曾经闭塞的交通和信息沟通情况得到了彻底改变。可以说，脱贫攻坚为实施乡村振兴战略进行了有益探索，在此基础上总结成效经验，建立和完善了相关制度，奠定了未来高质量发展的坚实基础。

硬件条件改善了，"软件"也要与时俱进。在推进乡村振兴过程中，要更加注重运用法治思维和法治方式深化改革、推动发展、化解矛盾、维护稳定、应对风险，形成办事依法、遇事找法、解决问题用法、化解矛盾靠法的法治氛围。要以法治政府建设示范创建为抓手，深化"放管服"改革，着力提升政务服务水平，严格规范公正文明执法，推行轻微违法行为首违不罚清单，营造市场化、法治化、国际化营商环境，打造人民满意、市场主体满意的法治政府。深入开展民主法治示范村创建和乡村"法律明白人"培养工作，提高农村基层组织、广大群众的法治素养和文化水平，引导群众树立正确的个体观、全局观、发展观，提升群众精神境界，推动形成法治化、现代化的基层社会治理格局，厚植乡村振兴的"肥沃土壤"，让企业家想来、敢来，"来了就不想走"。

（作者单位系贵州省政府法制研究中心，相继在贵州省安顺市紫云县白石岩乡湾坪村、铜仁市沿河土家族自治县夹石镇后村社区担任驻村第一书记）

◎责任编辑：汪义力

在推进乡村治理现代化中担当实干

⊙ 龚健康

习近平总书记在党的十九大报告中明确提出"产业兴旺、生态宜居、乡风文明、治理有效、生活富裕"这20字的乡村振兴战略总要求，而在这20字中，"治理有效"是乡村振兴的重要基石和落脚点。

党的十九届四中全会提出"构建基层社会治理新格局"，习近平总书记深刻指出："基层强则国家强，基层安则天下安，必须抓好基层治理现代化这项基础性工作。"乡村治理是国家治理体系的重要组成部分，推进国家治理体系和治理能力现代化，首先就要推进乡村治理的现代化。

常言道：基础不牢，地动山摇。毋庸讳言，"乡村治理"的"主战场"自然就在乡村、在基层。那么，什么是基层？曾看到一个有趣的说法：当上级的任务细分到不能再往下细分，这个地方就是基层。一直以来，"上面千条线，下面一根针"，让我们意识到基层工作的艰辛和不易，而在"乡村治理"概念下的基层，我们所面对的治理范围更广阔、治理内容更全面、治理要求更细化、群众感受最直接。

在古代，受经济发展水平、交通、通信等条件限制，行政管辖权一般只能落到县级机构（通俗的讲法就是"皇权不下县"）在这种情况下，治理一个地方，主要依靠的是"自治"。从历史唯物主义的角度，我们可以感受到，人类对美好生活向往的愿望从未改变。中国第一位田园诗人陶渊明，有一篇流传万世的著作《桃花源记》，里面写到他向往的生活："土地平旷，屋舍俨然（这是指基础设施方面），有良田、美池、桑竹之属（这是指产业发展方面）。阡陌交通，鸡犬相闻……黄发垂髫并怡然自乐（这是指乡风文明方面）。"我理解，这里所描述的，就是封建社会理想主义者所向往的一个乡村治理单元。

那么，在大力推进乡村振兴战略、建设社会主义现代化强国的今天，作为基层党员干部，我们该如何在推进乡村治理现代化中担当实干？这里，我结合自身理解和工作实际，从镇村两级出发，谈几点看法，与大家交流学习。

一、乡村治理现代化的核心要素

我们说推进乡村治理现代化，那么，乡村治理的现代化要达到一种什么样的效果？我理解，至少有以下5个方面的核心要素。

第一个核心要素：政通。所谓"政通"，就是政事通达，党和国家的各项政策、法令能够贯通到"最后一公里"，各项工作落实能够到达"最后一米"。从中央到省市到县乡、到老百姓，所有的政策不打折扣，自上而下政令畅通，党群、政群、干群关系顺畅。

第二个核心要素：人和。俗话说"天时不如地利，地利不如人和"，人和就是指人心向善、人心所向，人与人之间关系融洽，邻里之间多和谐、少扯皮，形成崇德向善、孝老爱亲、重义守信这么一种社会氛围。

第三个核心要素：民富。小康不小康，关键看老乡。"民富"，主要是看产业、看就业、看收入，这就是我们常讲的"经济基础决定上层建筑"。如果没有实实在在富起来，讲再多的治理都是空中楼阁。

第四个核心要素：域美。所到之处干净整洁，满目皆是蓝天、碧水、净土，处处展现美丽乡村，比如垃圾进行分类收集处理，污水进行环保排放处理，等等。

第五个核心要素：气正。就是以党风带政风促民风，达到朗朗乾坤、正气充盈的效果。

所以，政通、人和、民富、域美、气正这5个方面，就是我所理解的乡村治理现代化的核心要素。

二、实现乡村治理现代化的关键路径

如果说人类因梦想而伟大，那么实现梦想的行为本身就是创造历史。乡村治理现代化，是新时代赋予我们的伟大职责，关键在于如何实施和推进。

1. 毫不动摇加强党的建设

习近平总书记讲"党政军民学，东西南北中，党是领导一切的"，那么推进乡村治理现代化，第一条就是毫不动摇加强党对乡村治理的坚强领导，毫不动摇加强党的基层建设。

加强党的基层建设，抓什么？我觉得主要抓"三支队伍、两个作用"。

第一支队伍：干部队伍。我们经常听到老百姓这样的表达：如果一个地方发展得好，老百姓就会说："这某某干部是个好干部。"如果一个地方发展得慢，就会听到老百姓抱怨："这干部不作为，那干部是贪官！"所以，干部干部，先干一步。干部是做给群众看，干部要带着党员干。这里需要特别强调村组织这支队伍，这是关键中的关键。湘潭县有很多优秀的村书记，比如柳桥村的曹铁光，三十年如一日带领村民发展致富，在他的带领下，柳桥村被评为全国乡村治理示范村。

第二支队伍：党员队伍。曾听一个领导讲过一个观点：一个村发展得好不好，首先看它的党员多不多。一般来讲，党员比较多的村，发展总不会太差。我常想一个问题，党员和普通群众到底有没有区别？应该来说，既有共性，也有区别。共性在于，党员既来自群众，同时也是群众一员；区别在于，作为党员同志，一定在思想上更先进、觉悟更高一些，真正体现共产党员的先进性。至于如何先进，后面会讲到。

第三支队伍：党组织领导下的先进分子。包括村民代表、妇女代表、致富带头人、团员青年等。这里特别点一下，新时期的乡贤，在乡村治理中发挥着不可或缺的作用。当然，并不是说乡贤就一定要捐多少钱、捐多少物，而是以自身的威望、能力、资源为家乡发展传递正能量。比如乌石镇众兴村的乡贤钱山珍，擅长通俗易懂的农村文学创作。他参与编写《众兴村村规民约》时，以方言顺口溜的形式，宣传道德、伦理、法制等方面的内容，更容易让老百姓接受，这就是乡贤发挥作用的体现。我们要善于团结、引领、鼓励乡贤发挥积极作用。

关于"两个作用"，大家耳熟能详。

一个是基层党组织的战斗堡垒作用。基层党组织是最密切接触群众，也是最直接服务群众的地方。越是在关键时刻，越能看到基层党组织的重要作用。有人总结我们国家为什么能够积极有效应对新冠疫情，一方面，医疗卫生队伍舍生忘死，面对可怕的病毒时，敢于逆行抗击；另一方面，就是基层党组织，关键时刻，各基层党组织发动党员干部，一户一户开展排查，一个对象一个对象提供服务，拉起了一张张严密而温情的防护网。去年"七一"前夕，中央表彰了499个全国先进基层党组织，就是肯定、鼓励，也是鞭策基层党组织积极发挥战斗堡垒作用。

二是党员的先锋模范作用。如果说一个支部就是一个堡垒，那么一名党员就是一面旗帜。哪里任务重，哪里有困难，哪里就有党员的先锋模范作用。党员发挥先锋模范作用，最该讲什么？讲政治、讲服从、讲带头、讲奉献。在推进乡村治理中，很多党员当先锋、作表率的行为让人动容。比如，乌石镇这几年提出"党建＋乡村治理"的发展思路，把全镇划为642个党员网格，实施千名党员联系万户家庭的服务行动，让党员充分发挥先锋模范作用，在推进乡村治理中积极作为。

所以，我讲推进乡村治理现代化第一条，就是要毫不动摇加强党的建设。

2. 毫不动摇发展乡村产业

对一个地方而言，如果没有产业作支撑，谈再多的发展、谈再多的治理，都是空中楼阁、镜花水月。为此，总书记多次强调："乡村振兴，关键是产业要振兴。"只有产业经济发展了，才能真正实现农业强、农民富。现在大家都有这个意识，每个地方都有规划、有谋划，发展自己的特色产业。我提醒大家，至少要注意把握好四个原则：

一是因地制宜。发展产业，必须因地制宜、因时制宜、因势制宜。落实到一个个具体的乡村实践，就是要宜种则种、宜养则养、宜旅则旅、宜工则工、宜商则商，千万不能照搬照抄、一哄而上。比如按照县委、县政府的布局，乡镇之间要有差异化发展，乌石、白石、石鼓适宜发展文旅产业，云湖桥、河口、杨嘉桥就适合发展工业经济，而花石、射埠、排头就有做强特色农业的优势；那么同样，村与村之间也有差异，乌石镇也并不是个个村都适合搞旅游，今年新一届党委政府就提出"北农、西景、南商"的定位布局，就是从资源禀赋、区位特点、产业基础等方面综合考量，给每个村未来的产业发展提供一个方向。目前，乌石峰乡村三十六坊、双庙乌鸡养殖较为成型，乌石村红色村庄、天龙一亩三分地、四美民宿、石峰水产养殖已经起步，岳冲桥蘑菇基地、平山创业园有基本的思路。

二是市场主导的原则。总书记在十八届三中全会上作出了"市场在资源配置中起决定性作用和更好发挥政府作用"的重要政治论断。从经济学的角度，发展特色产业，最核心的还是要处理好政府和市场的关系。我们见过很多案例，比如前几年黄桃效益很好，每斤卖到15～20元，一些地方看有搞头，迅速扩大规模，一时间出来许多个"万亩黄桃基地"，结果今年的黄桃每斤只卖到5元左右，批发只要1～3元，大量的供过于求导致很多卖不出去。曾有个农业专家和我交流，他说农业产业最怕什么？就是怕政府动不动搞"千亩果园""万亩基地"，最后搞成了血本无归。所以，发展乡村产业必须坚持市场为主导，政府的作用更多是提供服务保障和科学有效的引导。

三是效益优先的原则。一句话，产业发展的目的就是要见效益，亏钱的买卖没人愿做！这是我们发展特色产业的出发点和落脚点。

3. 毫不动摇服务群众

习近平总书记说："江山就是人民，人民就是江山。"在推进乡村治理现代化过程中，必须以人民为中心，坚持一切依靠群众、一切为了群众、一切服务群众的总思路。

回应群众关切的民生实事。在乡村治理过程中，我们要多听群众呼声，切实解决好群众的操心事、烦心事、揪心事。今年"我为群众办实事"成为党史学习教育的重要内容，也体现了中国共产党是一个始终以人民为中心，为人民谋幸福的政党。"民生无小事，枝叶总关情。"可能有的党员会认为，"办实事"是一个很大的课题，但其实不然，"办实事"融入了我们工作生活的每一个细节之中。大到农村道路拓宽硬化、改造农村电网、改善办学条件，小到疫情防控中接送群众接种疫苗、群众之间矛盾纠纷的调解，甚至你为他们提供一个停车的地方，都是办实事。所以说不要觉得个人力量小，大家都聚焦回应群众关切，就能汇聚成磅礴力量。

补齐群众需要的基础设施短板。咱们看看乡镇与城市街道，对比一下就能发现二者之间基础设施的差距。虽然人常说到"农村幸福指数比城市高"，但比起方便快捷，农村是远远不如城市的。比如咱们的道路交通，"新公路"并没有便利到乡镇的每一户，以农业为主的乡镇农田水利设施还有待提升，等等，这些都是我们需要补齐短板的地方。

解决群众矛盾纠纷。在农村生活，村民产生矛盾在所难免。这些矛盾，既有鸡毛蒜皮的小事，也有宅基地纠纷之类的棘手事，多年累积下来，往往说不清、道不明，成为乡村治理的"绊脚石"。因此，必须发现矛盾并及时处理，努力将矛盾化解在萌芽状态，确保"高质高效"。为更好地调处矛盾，乌石镇打造了"流动调解室"，针对矛盾性质，组织相关职能部门联动联调，让群众切实体会到"调解员在人眼前，调解室在家门口"，提升了全镇矛盾纠纷化解实效。

4. 毫不动摇涵养文明乡风

"车有两轮，鸟有双翼"，光有富足的物质，没有文明的乡风，就谈不上乡村实现振兴。我认为，文明乡风需要法治建设和道德建设两手抓，主要可以从以下四方面来着手：

培训提素质。我讲的培训，既要培训我们的党员干部，也要培训我们的农民群众。我想今年选两个村作试点，成立一个农民学院，既可以开展理论宣讲，也可以进行种养殖等方面的技术培训，还可以进行普法教育，真正建立一个平台来提升全民综合素质。

创建鼓干劲。支持并鼓励全镇和各村积极创建省、市级文明村、卫生村、信访"三无"村、乡村治理示范村，用创建来鼓足干劲。

评选引风尚。坚持每年举办"最美乌石人"的评选，下一步还要覆盖更多行业、更多战线，包括最美乡贤，要在全社会引领崇德向善的新风尚。

惩恶扬正气。这几年中央部署的扫黑除恶专项行动开展得非常好，整个社会风气为之一新。对社会乱象，我们该打击要坚决予以打击，真正惩恶扬善树正气。

三、推进乡村治理现代化过程中需关注的几个要点

1. 全员共治

《关于加强和改进乡村治理的指导意见》指出：建立健全党委领导、政府负责、社会协同、公众参与、法治保障、科技支撑的现代乡村社会治理体制，健全党组织领导的自治、法治、德治相结合的乡村治理体系，构建共建、共治、共享的社会治理格局。当前，农村发展中"干部干、群众看"的问题比较凸出，农民群众参与乡村治理的积极性不够，参与的途径不多，各类社会组织、志愿者力量还比较弱。当然，我们也都在做尝试。如"新时代文明实践所（站）"的打造，乌石镇"百千万工程"模式，都为"全员共治"提供了新的思路。

2. 村规民约

要用"小村规"撬动"大治理"，由村民自己定规矩，严格约束守规矩，违反规矩强执行。当然，在村规民约制定的过程中，需要与党的群众路线相统一，确

保两者能够建立紧密的联系；另一方面，需要融入地方特色，通俗易懂，将村规民约深入人心，确保村规民约的作用。

3. 集体经济

农村有句话，叫作"手中无米，叫鸡不理"，这是村级集体经济薄弱的真实写照。在发展村级产业的时候，一定要注重逐步发展壮大村级集体经济，也要敢于尝试，通过农村生产力的自我发展和外部资源的综合利用，做好招商引资，变"输血"为"造血"。乌石镇乌石峰村的发展，就经历了不断尝试不断失败，最终借助丰富的红色旅游资源和生态环境资源，以"公司＋基地＋农户"形式，把村里53户农家作为农耕文化体验接待实践基地，持续发展后，最终打造成如今的"乡村三十六坊"网红打卡地，为村级集体经济带来50多万的收入。

4. 文化引领

我们要深入挖掘农耕文化、红色文化、民俗文化中蕴含的思想观念、人文精神、道德规范，大力推进文化建设，以文化引领乡村治理。我这里以乌石镇的红色文化来举例子。在乌石，有这么一句话口口相传："彭总为民打天下，我为彭总添光彩。"就连上幼儿园的娃娃都能背出这句。这种潜移默化的文化影响，充分体现了文化引领在乡村治理中的作用。再比如有些民俗文化，通俗点来说就是"习惯、习俗"，乡镇多多少少会有打牌习俗，虽然是古人发明的益智游戏，但发展到今天或多或少影响到了人们积极向上的生活。同样受乡镇人民喜爱的还有湖南的花鼓戏，我们不妨想想，是否能通过花鼓戏传播一些正能量，引导群众？或者说多举办些戏曲、广场舞活动，吸引大家参与更为健康的民俗活动呢？

5. 问题导向

推进乡村治理中，我们不能回避问题和矛盾。比如，乡镇党员队伍年龄普遍老化。以乌石镇为例，全镇1164位农村党员中，"80后"出生的仅344人，占比29.6%。而这344名年轻党员中更是有203名为流动支部党员。老年党员"有心无力"，青年党员"在外打拼"，剩下的几十名党员要面对几千名群众，这或许是大多数乡镇的现状。又如，集体经济普遍薄弱。这是基层的普遍现象，因为集体经济发展不是靠套模板，而是要不断尝试，敢于创新，逐步发展。还如，殡葬改革步伐缓慢。这与农村思想观念转变不到位有关，也侧面反映了宣传效果不佳的问题。

6. 智慧乡村

现代信息科技，改变了人们的思维方式、生产方式和生活方式，为乡村治理创新带来了无限空间和广阔前景。

一是推动产业发展。比如乌石镇"大禹兴农"电商平台，为乌石农户销售农产品提供了渠道；再比如，全国智慧农业的发展，将现代科学技术与农业种植相结合，从而实现农业无人化、自动化、智能化管理。

二是更好服务群众。现在基层都在逐渐开展信息化建设，通过"互联网＋"手段打造集智慧党建、乡村振兴、平安建设、"三农"服务、便民服务等农村综合信息服务为一体的平台，再加上"一门式"的推广，服务群众变得更加方便快捷。

三是实现精细管理。比如在全国推行的"雪亮工程"。目前乌石镇雪亮工程（公安系统）共安装 91 个监控，全镇共有 2000 户左右居民通过平安乡村项目安装了视频监控系统。在这种治安防控无缝隙、无盲区、全天候、全覆盖的精细化管理下，2021 年，乌石派出所接处警 402 起，同比减少 16.4%；刑事立案 25 起，同比下降 26.4%；接待群众来访 254 件次，同比减少 9.3%，综治环境在一线得到有效优化。

四、结语

习近平总书记指出："在我们这样一个拥有近 14 亿人口的大国，实现乡村振兴是前无古人、后无来者的伟大创举，没有现成的、可照抄照搬的经验。我国乡村振兴道路怎么走，只能靠我们自己去探索。"唯有按照产业兴旺、生态宜居、乡风文明、治理有效、生活富裕的总要求，加快推进乡村治理现代化，打造各具特色的现代版"富春山居图"，才能推动农业全面升级、农村全面进步、农民全面发展，谱写新时代乡村全面振兴新篇章。

（作者系湖南省湘潭县乌石镇原党委书记，现任湘潭市团委副书记）

◎责任编辑：汪义力

县域集体经济治理体系：县—乡—村三级架构与发展

⊙ 许衍

城口县地处重庆市最北端，是目前国家乡村振兴 160 个重点帮扶县之一，也是重庆市的 4 个重点帮扶县之一。过去几年，城口县集体经济发展有两项重要举措。一是自 2017 年深化精准脱贫攻坚到 2018 年年末，城口县 190 个村全部完成了集体经济股份合作制改革，组建了村级股份经济合作联合社，赋予了村集体处分权和分配权。二是经过县级以上财政持续 5 年投入，给集体经济组织赋能。经过 5 年的脱贫攻坚，到 2020 年年底，全县的 190 个村中，年收入 10 万元以上的村达到了 109 个。

但集体经济发展依然面临着现实问题：怎样让村级集体经济组织从"有权""有能"到"有位""有为"？于是城口县构想并搭建了村—乡—县三级的集体经济治理体系，核心是解决两大问题：一是集体经济组织怎么有效对接市场，参与优胜劣汰的市场竞争，发挥市场在资源配置中的决定性作用；二是怎样用合法合规方式把分散的资源整合起来，集中力量办大家的事，既突出效率，又兼顾公平，因为适度集中资源资产才能解决对外谈判能力弱、内部竞争无序等问题。

一、县—乡—村三级集体经济治理体系架构

在村级层面，将村级资产托管给县级集体经济促进中心，而县集体经济促进中心跟村集体之间有一个对赌协议：每年以不低于委托金额的 3% 进行保底分配，这样村集体有固定收益。

在乡镇层面，岚天乡率先成立了乡级股份经济合作联合总社。村

集体通过入股的方式将资源、资产和资金汇集到总社里面来，包括返乡创业人力资源，也包括农户的资源。乡联合总社主要职能是归集资源资产，把分散的资源资产进行汇总归类，按照山水田林湖草沙系统保护和绿色开发原则，把资源资产统筹打包，公开招商，引入优质资本。

城口县位于大巴山区，生态资源丰富，森林覆盖率达到了 72% 以上，房屋是可以标准化的，而周边的生态环境也可以用一种股份化的方式来处理。城口县拟在三年内推动全县各乡镇街道全部组建联合总社，通过联合总社实现资源资产的收储并由联合总社颁发权证。针对林地、宅基地与集体建设用地、闲置房屋三个领域的收储对象，联合总社颁发林票、地票、房票，希望借由此种方式探索非标资源在乡域范围内实现定价，来减少对接市场时的一些障碍。城口县还引入重庆农担公司（政府性的资源），加上集体的资源资产，再加上集体成员包括返乡人员的资源资产，变成一个大的资产包，将这个资产包传递至下一级县集体经济促进平台的托管和有限公司的运营。

在县域层面，成立平台 + 公司。首先推动 190 个村发起并适当出资，共同成立县域集体经济发展促进平台，全称为"城口县大巴山农村集体经济促进中心"。中心是民办非企业机构，在民政局登记。中心统筹对接党和政府及社会各界对农村集体经济组织发展的各种扶持政策和资金资源，对乡村两级集体经济组织进行孵化和服务。

但实践中发现，促进中心这样一个"民非"组织来孵化服务农村集体经济，仍然存在行政机制色彩太浓的问题。于是，城口县又推动中心独资成立了重庆市城口县大巴山农村集体经济组织管理有限责任公司，让有限公司来运营促进中心托管的资源开发项目。促进中心跟中心领办的有限公司是一套人马，两块牌子、两套机构。有了这样一个桥梁，整个集体资产运营过程就形成了闭环。

目前，集体中心受托了 190 个村的集体经济发展试点项目资金，共计 4000 万元。这 4000 万如果分到每一个村，难以实现产业项目的成熟发展。因此，城口县用市场化的手段，鼓励每一个村自行包装项目，集体中心给以孵化支持并协助进行策划，将其变成创业投资项目，撬动优质市场主体介入，让有限公司去对接市场，直接参与市场竞争。目前，中心已经储备了三年的项目，将通过竞争比选的方式，进行引导投资，逐步做大做强做优农村集体经济。如此，城口县建立起了由乡联合总社、县集体经济促进中心构成的两道防火墙，形成了既防范市场和政策风险，又充分对接政策与市场的"两防两接"的农村集体经济组织经营体系。

二、县域集体经济治理体系的配套机制

为了防范市场风险，有限公司在归集资金的使用方面建立了两个机制：一是项目的专家咨询会，成员由财政、审计等方面的科长、分管领导组成。二是"投决会"，集体公司和集体中心共同成立的党支部书记参加的党政联席会。资金投资的项目须有实体，比如目前正在洽谈的电厂项目。电厂是城口县的国有企业，它的建设周期需要还贷款，拟向中心借款，利息第一年 4%，第二年 4.5%，第三年 5%。这样项目收益就远远高于村集体对赌协定规定的 3% 保底分红。每一个项目都需要由代表 190 个村的县集体经济促进中心的投决会和理事会来作决定，把群众的自治制度引入集体经济促进中心。同时，各村的 20 多万元还是可以随时退出，即各村没有项目的时候，县级投资保底分红；村级有项目时，县级平台优先孵化投资。

同时，县集体经济促进中心的治理也非常关键。中心采取轮值理事制度，25个乡镇街道，每个乡镇街道派 1 人作为理事来参与管理。为便于管理，每 5 个乡镇街道的理事为一组，也就是每 5 个乡镇每 2 个月推 1 个人来作为理事参与管理，县农业农村委也派一个理事在集体经济促进中心主持工作，同时设立了独立理事岗位，由此形成 5+2 的机制推动集体经济促进中心有效运转。

城口县还借用区块链技术来开发一个运营管理智慧平台，解决内部交易问题，包括现金结算、重大事情流程管理及农村产权的链上治理。通过现代技术的运用，190 个村都看得到县促进中心、乡联合总社和有限公司把资金运营在哪些方面，也可以及时知道自己申报的项目为什么没有评上等。数字化、智能化、专业化、平台化有效弥补了山区"三农"的短板和弱项。

三、阶段性案例：岚天乡集体收储闲置房屋＋招商引资

岚天乡率先成立了集体经济联合总社，下辖的三河村有 79 栋闲置农房。按照现有的政策，这些闲置农房主要通过复垦的方式变成地票，即建设用地指标，然后到重庆主城区去交易，再把出售地票的收入中农民、集体应得的部分返给农民和集体。但收益很低，大约每亩 12 万元。现在乡一级总社用协议方式收储闲置房屋，再引导在乡、返乡和下乡的市场主体来进行合作，形成项目，交给县集体经济促进中心托管，然后让有限公司来进行投资运营引导。

一位返乡的乡贤筹办了名为"磐石山舍"的民宿，实际是把几户人家的宅基

地退出，用集体经济收储的名义将其合法化。因为按照一户一宅的制度，乡贤自己不能拥有多处宅基地。但是国家实施脱贫攻坚使得大量农民集中居住，农民的老房子和房下的宅基地还在。集体经济组织把它收储过来之后，入股到磐石山舍这个公司里面来；托管的有限公司使用财政资金作为引导性资金进入，业主利用自己的现金和财政引导资金来进行建设，解决了民宿用地合法性和财政资金合规进入的问题。简单来说，土地使用权通过集体收储变成了合法入股，而财政资金通过集体经济组织以股权的方式投入，发挥财政资金杠杆的作用，撬动社会资金投入。同时进行银行抵押贷款等金融活动，并且引入第三方来合作运营。

第二个例子也是在岚天乡。联合总社将收储的闲置农房通过招商引资的方式引入了一个在重庆做规划设计的企业。企业为什么愿意来投资呢？因为总社给它颁发了一个房票。房票在乡产权交易中心有交易鉴证，是集体经济系统内部认可的票据。这样外部主体就敢来投入，可以在内部获得融资贷款。对于闲置房屋的改造，乡集体经济联合总社利用闲置房屋和部分资金入股，市场主体投入资金大头占大股，这个主体将闲置房屋改造成民宿的同时，也作为乡村设计工作室，并在当地注册。由此，集体经济组织牵头的相关项目或是当地政府实施的相关项目在满足资质等相关要求的前提下优先由工作室实施，最终利润按照股份分配。其他任何以工作室名义承接的项目，集体经济总社也都有权利按照股份占比获取收益分配。

习近平总书记强调，农村改革不能把农村集体经济组织的地位改弱了、不能把集体经济组织成员的利益改掉了。三级治理体系框架建立之前，城口县惯用行政分配即奖补的方式推动集体经济的发展，资金的使用效率不高，是一种花钱的思维。三级框架则选择了一个行政思维之外的市场化运作方式，思考如何把村里面的资源在乡级标准化，让这些非标的资源资产通过县一级的孵化有效地对接市场；同时把政府的资金整合起来，起到引导撬动作用，也就是用赚钱的思维来推动集体经济的发展。

（作者系重庆市城口县农业农村委员会主任）

◎责任编辑：汪义力

保护传统村落以推进乡村振兴

⊙ 刘国信

一个个传统村落，承载着人们绵长的情思乡愁，蕴藏着丰富的历史信息和文化景观。近年来，我国大力实施传统村落保护工程，使广大农村地区众多历史建筑、传统民居和非物质文化遗产得以保护传承；同时，各地在积极保护的基础上，不断推进活化利用、以用促保，进一步增强了传统村落保护发展的内生动力，使传统村落焕发出新的生机和活力，为巩固脱贫攻坚成果、推进乡村全面振兴发挥了积极作用。

实施集中连片保护，提升整体集聚效应

古村新韵，文脉悠悠。一座座古村落展示着农耕文明的辉煌，充盈着淳朴厚重的气质，具有重要的历史、文化、科学、艺术、经济与社会价值。从 2012 年起，我国建立中国传统村落保护名录制度，实施传统村落保护工程，先后组织 5 次全国性调查，分 5 批将有重要保护价值的 6819 个传统村落列入国家保护名录，实施挂牌保护，并在 10 个市州实施集中连片保护利用示范，建设了中国传统村落数字博物馆。

通过几年的努力，有力扭转了传统村落快速消失的局面，使 52 万栋历史建筑和传统民居、3380 项省级及以上非物质文化遗产得到保护传承，已经形成了世界上规模最大、内容和价值最丰富、保护最完整、活态传承的农耕文明遗产保护群。同时，各地在积极保护的基础上，不断推进活化利用、以用促保，不仅留住了最美乡愁，改善了村民生产生活条件，更激发了传统村落保护发展的内生动力，使传统村落焕发出新的生机和活力。

2022 年 4 月，住房和城乡建设部、财政部印发《关于做好 2022 年传

统村落集中连片保护利用示范工作的通知》（以下简称《通知》），在全国范围确定了北京市门头沟区、山西省平定县等 40 个示范县（市、区）名单，开展传统村落集中连片保护利用示范。不言而喻，如果说过去 10 年我国传统村落保护是以健全保护名录为重点、摸清家底的 1.0 版本，那么，此次的传统村落集中连片保护利用示范工作是保护与利用并重、以用促保的 2.0 版本，对实现"串线成片""整体推进"，将产生明显的资源整合效应和集聚发展效应。

毋庸置疑，集中连片保护利用示范是对区域性、特色化传统村落的集中展示和总体呈现。传统村落是农耕文明时代的重要文化载体，建设美丽乡村不能搞大拆大建，要注意乡土味道，保留乡村风貌，留得住青山绿水，记得住乡愁。此次，《通知》以县域为单位把这些相对集聚的村落联结在一起保护利用并加以示范。这是对区域特色村落文化的集中展示，有助于民众更好理解传统村落蕴含的文化特质。

同时，集中连片保护利用示范是对区域性、特色化传统村落经济发展的统筹规划与分类指导。由于现有单个村落保护与开发模式大多从村落实际和发展需求出发，各地确定的发展定位、重点任务等项工作往往具有相似性，容易导致"千篇一律"，不利于持续保护利用。集中连片保护利用示范则让各地不仅站在更高的层面，总体统筹和科学把握传统村落连片保护的整体风貌与定位，还能让其进一步细化明确"每一片"建设的具体任务和应发挥的作用，有效避免重复建设，促进差异化协调发展，最终形成"百里不同风，十里不同俗""各美其美，美美与共"的保护效果。

此外，在传统村落发展空间资源有限的背景下，集中连片保护利用示范，架起了传统村落间优势互补的桥梁，有助于整体集聚提升。近年来，虽然我国传统村落保护工作在向纵深推进，但保护工作中所暴露出的问题也不容忽视。其中，土地资源紧张就表现得尤为突出。以停车场建设为例，以前的传统村落单独保护，每个村落都需要建设一个停车场，这样不仅让停车场面积变小，而且往往会造成建设层次偏低、管理水平不高等问题。集中连片保护后，各地可以按照每个村落进村的交通线路和各村的土地资源协调布局、统筹建设，在集中连片区域内根据实际情况，规划步行导览路线或开通内部电瓶摆渡车等，实现"串珠成线""串线成片"的整体集聚保护效果。

历经千年沧桑，传统村落保护需要真金白银

近年来，从中央到地方，不断加大投入力度，全力推进传统村落集中连片试

点示范保护，打造中国文化传承弘扬展示示范区。比如，2020年，山西省晋城市成为全国首批10个传统村落集中连片保护利用示范市之一，获中央财政补助资金1.5亿元。2021年，山西省财政下达省级传统村落保护专项资金1亿元，支持晋城国家试点和6个省级试点开展传统建筑修复改造、基础设施改造、人居环境改善和特色产业发展，支持249个传统村落完成数字博物馆建设。

无疑，这些资金起到了"四两拨千斤"的作用，撬动社会资金，吸引社会力量广泛参与保护传统村落，有力支持传统村落完善村内道路、供水、垃圾污水处理，以及消防、防灾避险等设施，整治河塘沟渠等公共环境，使传统村落人居环境得到显著改善。这些事例告诉我们，对传统村落保护必须拿出真金白银，才能取得好的效果。

相关数据显示，2014年至2019年，中央财政对列入保护名录的中国传统村落给予每个村300万元的补助，而传统村落集中连片保护利用示范工作更需要大量的资金支持。笔者注意到，今年3月，财政部、住建部联合印发的《关于组织申报2022年传统村落集中连片保护利用示范的通知》再次明确，中央财政对示范县予以定额奖补，其中东、中、西部示范县补助基准分别提高至3000万元、4000万元、5000万元。可以说，从以前传统村落保护名录中的每个村获得300万元补助，到现在每个集中连片示范县获得的3000万～5000万元不等的补助，就不难看出，中央财政给予了集中连片示范县更大的支持。

首先，这对于促进传统村落的整体发展，具有积极的引导作用。强有力的支持力度，不仅能让集中连片示范县建设获得资金保障，也能让社会资本看到政府支持传统村落保护与发展的决心，进而形成更好预期下的投资信心，有助于撬动和吸引其参与集中连片示范县建设，形成更广阔、更持续的市场化动力机制。

其次，中央财政此次对集中连片示范县的财政补助呈现区域化变化，即：东部地区的补助基准是3000万元，中部地区要高一些，西部地区则更高一些，分别是4000万元和5000万元。这种差异化补助方式能对社会资本产生更具体化的影响。简单来说，东部地区传统村落保护相对起步较早、发展较快、市场成熟度较高，本身建设基础和市场参与度已呈现良好的发展态势，中央财政补助可以相对少一些，直观的市场发展空间也相对小一些。中西部地区发展相对较晚、速度较慢、市场成熟度较低，中央财政补助的有力支持，更能增加投资者信心，让传统村落保护的市场前景更远大，并由此形成更加符合区域发展实际的、差异化的社会资本参与态势。

最后，中央财政在吸引社会资本"进场"的过程中，也要发挥各地的主观能动性，让其在国家整体政策框架下，进一步明确社会资本参与的细则，探索形成具有各地特色的做法。比如，有的示范区可以通过"整体打包"的方式，把规划、建设、运营、管理加以统筹，以让渡相应权限、节约投资成本等方式，让社会资本产生更加直接的带动效应。

以用促保，增强传统村落保护发展的内生动力

传统村落保护还须活化利用、以用促保，不断增强传统村落保护发展的内生动力。近年来，各地在保护基础上积极推进活化利用，充分挖掘传统村落的自然山水、历史文化、田园风光等资源，因地制宜发展乡村旅游、文化创意等产业，仅 2020 年列入国家保护名录的中国传统村落就接待游客 3.6 亿人次，有力地促进了当地农民增收致富，带动了乡村振兴，增强了文化自信，使传统村落焕发出新的生机和活力。

时代不断发展，传统村落需要在保护中传承发展。传统村落是活着的历史，保护传统村落既需要保留原始风貌，又要满足生活在其中的村民对更好居住环境日益增长的需要，因此，在保护传统村落过程中，应更好改善村民生活，让传统村落保护更有依托，进而实现物质和非物质传统文化的活态传承。比如，2017 年福建屏南县龙潭村仅剩下不足 200 人留守，通过推动传统村落保护利用，吸引国内外 100 名人才落户成为"新村民"，通过盘活闲置农房等资源，发展生态农业、文创旅游、休闲度假、健康养生等产业，实现脱贫致富奔小康。

业内专家表示，2022 年住建部、财政部遴选出的这 40 个县所开展的传统村落集中连片保护利用示范，将会形成一批不同类型、不同特点的传统村落保护利用路径和方法，并在保护过程中产生可复制推广的传统村落保护利用的经验和模式，进一步推动传统村落保护利用工作向纵深发展，具体来说，有以下几方面的积极意义和重要作用。

一是有助于实现传统村落文化资源保护利用的提档升级。一方面，集中连片示范不再是一个村落的"单兵突进"，而是多个村落或一群村落的"整体推进"，会产生明显的资源整合效应和集聚发展效应。另一方面，此次集中连片示范突出强调"保护"基础上的"利用"，并把原有部分地方的"老屋拯救"提升为"活化利用"，其蕴含的积极意义不言而喻。

二是有助于村落整体环境的根本性改变。传统村落集中连片示范不仅能有效

改善村落人居环境，实现自然之美、建筑之美，而且能更多地展现文化元素，达到宣传、推介、提升文化之美的知晓度、认同度和参与度的目的。

三是有助于促进传统村落"文化+"的融合发展。传统村落发展的基点在于其特有的文化内涵。如何将文化与自然融合，将文化与产业对接，是各地在传统村落保护中要解决的重要发展命题。两年示范期内"发展乡村旅游、文化创意等产业"是三产融合发展的重要体现。这既是乡村振兴的重要依托，也是示范区建设可以书写的大文章。

四是有助于增加村落居民收入、促进共同富裕。传统村落的一砖一瓦既具有文化价值，也可以转化为经济价值。村落公共资源属于集体成员共有，各地要明晰资源产权，让村民在村落发展中获得收益，即：广大村民应该从集体经济发展壮大中获取"分红"。同时，各地在传统村落集中连片保护中，要高度重视产业发展，进一步增加村民就业机会，在促进村民在本村就业的同时，让一部分有想法、有能力的村民抓住村落发展的契机，开展创新创业。

从摆脱"脏乱差"到追求乡村美，传统村落保护留住了乡亲，护住了乡土，记住了乡愁，促进了发展。在最近召开的传统村落集中连片保护利用示范工作视频会议上，住房和城乡建设部相关人士表示，各示范县要落实主体责任，坚持以人民为中心的发展思想，把维护广大农民根本利益、满足农民美好生活需要、促进农民共同富裕作为示范工作的出发点和落脚点。要坚持尊重乡村发展规律，注重地域特色，尊重文化差异，因地制宜、科学合理地确定示范目标和任务。要坚持县域统筹，积极引导设计下乡，整合政策资源和社会资金，盘活乡村特色资源，形成以传统村落保护利用推进乡村全面振兴的有效路径，总结可复制推广的经验和模式，并逐步完善相关法律法规和政策机制，推动传统村落保护利用工作可持续发展，为弘扬和传承优秀传统文化，全面推进乡村振兴作出新贡献。

前不负先人的创造，后不负来者的期望。祖国大地处处贮藏着中华民族文明发展的瑰宝，要把传统村落这一活着的历史文化传承接续下去，绝不是一时之功，而需要持之以恒。我们要以"功在当下、利在千秋"的情怀，统筹推进传统村落保护利用传承，推进乡村全面振兴，为中华文明持续发展增添动力，让古老的乡村彰显出新时代的魅力和风采。

（作者单位：山西省阳城县畜牧兽医局）

◎责任编辑：汪义力

三农论剑

乡村建设需要什么样的"规划"

⊙ 李小云

　　这几年在云南几个州市做乡村建设实践工作，发现乡村的变化的确很大。政府在很多村庄投入大量资金，修村内道路、照明设施、饮水设施，改善村两委的办公设施，积极推进村容村貌整治工作，尤其是很多村庄都建设了特别好的公共厕所，有的乡村公共厕所还建设得特别有特色，真是今非昔比。

　　笔者走访了中国农业大学定点帮扶的边境县——云南省临沧市镇康县的帮东村，村容村貌与 2017 年相比有了很大变化。一个山上的傈僳族和彝族混居的小山寨——小落水村，村内的石板小路一直通往山上不同的景点，富有民族特色的石头小屋在山间错落有致，阳光下显得干净而质朴。这些村庄仅仅是全国许许多多发生了翻天覆地变化的村庄的缩影。

　　改革开放以来，中国的社会经济开始了深刻的转型变化。这一转型变化以城市化和离开乡村为主线，其结果是城市繁荣了，而乡村则衰落了。当然，这样的转型变化也是以农村、农业和农民为经济社会主体的相对传统的社会走向现代化的一个不可避免的过程。所以，这个过程被称为"否定"乡村的现代化。这个过程不能完全被认为是从改革开放才开始，自清末民国以来的现代化实际上也是按照这个经典的现代化路径展开的。今天看到的乡村价值的回归则是在一个新的转型条件下的新的现代化的路径。

什么样的村庄需要建设

不能说中国的城市化已经到了尽头，因为中国的现代化仍然面临着依赖于农业的人口与农业人口所生产的价值之间不相适应的挑战。也就是说，我们依然需要通过推动城市化来促进乡村现代化和农业现代化。但是，今天讲的城市化更准确地说应该是"新型的城镇化"。同时，也应该看到，乡村的稀缺性已经出现，回归乡村正在成为一种新的社会思潮。"逆城市化"趋势开始出现，所以可把这样一个趋势称作"建设乡村"的现代化。

当然，这并不意味着要建设所有的乡村，因为随着人口减少和人口流动格局的变化，乡村数量的减少仍然是一个趋势。但同时，还有很多的乡村会存在下来，因此需要把那些存在下来的乡村建设好，这也是城乡融合发展的重要内容。有人认为，全国大概只有 2% 的村庄适合发展乡村旅游。事实上，建设乡村需要考虑到新的业态，乡村旅游只是其中的一种业态。实际上，城市的郊区、山清水秀的山区、少数民族地区的各种各样的村庄和古村落等从经济上讲都具有建设的价值。即使经济发展潜力不大的许多村庄，只要还有很多人在居住，也需要建设。这样加在一起，可能就不止 2%。

最近几年，很多退休的人员希望在乡村养老，因此乡村的社会价值也正在不断提升。即便这个村庄不在山清水秀的景区，也没有特有的文化古迹，但是乡村的自然风貌、农耕文化及城里人向往的新鲜空气和田园生活的吸引力，也会成为乡村建设的一个重要驱动力。

这些因素当然都是从市场的角度来满足外部人的需求。很多地方的村庄没有外边的人来休闲养老，村民们依然把自己的家园建设得像个花园，村民盖的别墅不亚于城市的豪华别墅，因为随着经济收入的提升，居住在村里的村民也越来越需要提升自己的生活品质。所以，乡村建设显然不能仅仅考虑外来人的需要，还要坚持以农民为主体的基本思想。

乡土建设规划需要乡土智慧和知识

谈到乡村建设，一个首要的问题就是"规划"。长期以来，一讲到规划，就是城市规划。改革开放以来，从感官上的景观变化而言，城市无疑是最能代表中国社会转型的亮点。中国的城市规划不能说是世界最高水平，但也不能说很落后。

十多年前，外国友人看了北京和上海，就说中国的城市规划做得好。但是中国乡村的景观与城市的景观相比，存在巨大的反差。很多乡村的房屋大小高低不一，村内脏乱差，缺乏公共服务设施。大家都把乡村的"脏乱差"归结为缺乏规划。因此，只要一讲到乡村建设，首先就是对村庄进行规划。乡村缺乏基础设施，村庄土地利用混乱，这些问题的确需要规划。

但是，在现实中由谁来做规划，如何做这样的规划，则并不是长期从事城市规划的专家提供一张规划图就能解决的问题。很多村庄已有的村落结构看似混乱，其实这些基本的村落结构和布局都是村民在长期生活、生产实践中逐渐形成的，包含了比较丰富的社会经济含义和维系乡村社会关系的意义。村落涉及他们离田地的距离、收获和加工农产品的便利性及家庭宗族关系的联结等诸多方面；同时也体现了他们对土地利用的考量。我们产生的乡村印象——那些看似混乱的村落是我们习惯了城市笔直干净的大道和规范的建筑而形成的对乡村村落的偏见。

不是说乡村建设不需要规划，而是说对乡村的规划如何能够充分挖掘乡土规划知识和智慧。否则，单纯按照城市规划的思路就会让村庄变质。

乡村建设要避免"现代性的专家霸权"

所以，乡村建设从景观的角度讲，核心是现代的规划与乡村实际相结合的问题。现阶段，乡村建设正在成为各地乡村振兴工作的一个重要内容，很多地方邀请规划专家甚至派出机关干部到乡村去做规划，这是对乡村建设工作的重视。这些专家和干部有的是城市建设的专家，有的是长期生活在城市的人，他们都有丰富的现代城市建设的经验和体会，他们到乡村去，会给乡村带来新的理念和新的生活方式，这是乡村建设中不可缺少的成分，乡村建设的目标是乡村现代化，现代化就需要通过人的相互交流而改变观念和习俗。但是，从城里来的规划专家和干部不能简单地按照城市的规划思路来为乡村画"图"——简单粗暴的规划是我们所说的"现代性的专家霸权"。

到乡村做规划，首先要研究和理解乡村的社会文化，要注重挖掘乡土传统规划的智慧和经验，把这样的智慧和经验与现代的规划理念相结合，才会形成真正的乡村建设规划，也只有这样的规划才能避免乡村在不恰当的规划下"被消失"。不要花钱搞大规划，主要指这个意思。地方的同志也说，很多的规划是花钱买了很多的"图"。

云南一个村里的村干部说，他们的村庄希望发展一个比较大的业态，这样一个大的设想涉及很多复杂的因素，如村庄发展的定位、村庄周边山谷田地的功能配套、土地利用的法律条例、现有的整体土地利用规划，等等，这样的长远发展需要一个整体的规划。

进行比较科学的规划是完全有必要的，因为一个比较好的规划会为村庄的发展提供一个蓝图和愿景，按照这个蓝图和远景制定出相应的建设规划应该是一个村庄发展必不可少的。随着人口和经济发展的变化，可以对这个蓝图和愿景不断地进行调整。如果这个规划能够充分考虑乡村的社会文化和村民的习惯等方面的内容，那么规划可行性就会更强。

乡村建设的"核心示范区"模式

但从村庄建设的角度讲，也可以按照已有的村落布局，在村庄的某一个点上选择一个核心示范区进行建设试点，然后按照试点取得的经验逐渐在全村展开，也是一个可行的选择。在云南几个州、市展开的乡村建设工作，基本上就采用了这样的路径。这样做的主要原因有三个。

首先，村庄的建设不可能在一两年内完成，政府也没有那么大的资金量一下子投入在一个村庄里，所以先在一个村庄里从一个点开始，这样可以做到先建设样板，然后逐渐按照样板在全村展开。

其次，村庄的建设涉及农民利益、农民生活习惯等诸多方面的难题，建设一个公共卫生间、打造一个乡村公共活动空间都会涉及土地调整等农民关心的核心利益问题，这些问题的解决需要在建设中不断摸索可行的办法，通过"核心示范区"的工作，可以探索和积累处理这些矛盾的经验和做法。

最后，村庄的建设除了比较大的基础设施（如道路、供水、排污和公共服务设施）以外，要彻底改变村庄脏乱差的景观，不可能全靠政府投入资金建设，根本上还有赖于农民的认可和参与。通过"核心示范区"的工作，在农户的住房、庭院的打造、卫生条件的改善、厕所革命、厨房革命等不同方面先展开示范，可以逐渐形成从政府主导到农民主体的乡村建设的新格局。

当初，西双版纳的河边村在建设嵌入式瑶族妈妈客房的干栏式住房和庭院时，就是采用了先示范，然后带动农户发挥自己特长的路径。乡村的建设不要去搞那些不实用的规划。当然，并不是说不要规划。河边村农户宅基地的调整还是遵循了土地利用和雨林保护的相关大规划的约束。

河边村在建设初期也聘请了相关专家，对村内道路和户与户之间的布局做了规划，但是河边村的建设在总体上是由农民按照他们自己的居住习惯和相应的社会文化特点而展开的。村里房屋的建设格局以及村内的步行道和绿化等，几乎所有的微观建设工作都是农民发挥了自己的特长建成的。比如，相关工作人员经常会搜集很多乡村建设的图片传到村里的工作群，作为外部来的经验和参考，村民基本都会把这些经验变成他们自己的创新。

在河边村的实践说明，村民实际上都是乡村建设的专家。可以说，"河边村是村民自己的艺术创作品"。如果没有一个乡村真正需要的规划，索性就不要花钱买"图画"，鼓励村民在没有"规划"的指导下，建设自己的乡村。

（作者系中国农业大学文科资深讲席教授、小云助贫创始人）

◎责任编辑：汪义力

把双城经济圈打造成为城乡融合发展样板区

⊙ 范恒山

    建立健全城乡融合发展机制，强化以工补农、以城带乡，是实现农民富裕和农业农村现代化的关键举措与必由之路。成渝地区双城经济圈建设应着力推进体制创新，努力打造城乡融合发展样板区，为国家全面推进乡村振兴、加快农业农村现代化探索路径提供示范。

    成渝地区是我国城乡二元结构典型地区，大城市、大农村、大库区、大山区和民族地区等集于一体，城乡差别大。自本世纪初以来，重庆、成都在统筹城乡发展方面进行了积极的探索，被国家批准为统筹城乡综合配套改革试验区。近些年，成渝两地结合推动新型城镇化、促进乡村振兴，采取了一系列创新性举措，统筹城乡发展取得了新进展。今天，包括深度贫困地区在内的全部贫困地区已与全国同步实现脱贫，农村人口转入城市的数量持续增长、融入城市的程度显著提升，农村经济加快发展。但也要看到，这一地区城乡发展差距仍然较大，农村经济整体薄弱，边远山区和少数民族地区经济发展缓慢，部分已脱贫地区基础尚不稳固，存在贫困反弹风险，实现农业农村现代化的任务十分繁重。推动城乡融合向深层发展，打造城乡融合产业发展样板区，要提高认识，明确目标，抓住关键。成渝地区应充分运用好先行先试权利，按照国家规划纲要的部署，加大探索力度，以务实有效和富有开创性的举措，尽快取得新突破与新进展。

    "三农"是当前我国经济社会发展的薄弱环节，也是全部工作的主要难点所在。在全面推进乡村振兴之际，应统一如下思想认识：

其一，单靠农村力量难以解决"三农"问题。城市是资源要素的主要集聚地，在市场经济发展环境下，产业和人口向城市及城市群集聚的趋势更加显著。在我国，城市具有远超于农村的巨大能量，要推进农业农村现代化，使农民过上美好生活，在主体上必须发挥城市的带动作用。其二，局限于"一亩三分地"的小农经营模式无法实现农业农村现代化。诚然，小农户单独经营是农业生产者积极性和创造性的基本来源，而实施小农户单独经营也是由国情和农情所决定的，是在一个较长时期需要采取的基本举措，但它与大生产模式及其配套体系间的阻隔也是明显的。规模经营是农业农村现代化的基础，必须采取适宜措施打通家庭承包与规模经营之间的通道。其三，不平等对待"三农"只会不断拉大城乡差距。"三农"发展有自身的局限性，但也蕴藏着巨大的潜力，这种潜力因为体制与政策的长时间不平等对待而被湮灭或屏蔽了。"三农"用自身巨大的牺牲成就了工业和城市的快速发展。其四，发展农业必须超越农业。农业并非低端产业，但纯粹的农业必然拉低产业的层次和经济附加值，为超越农业而用功发力才能做强做大农业，促进农业农村现代化。当然，实现农业农村现代化不能以消灭农村农业为途径，消灭农村农业不仅扭曲了农业农村现代化的本来面目，而且也毁掉了城市发展的基础与支撑，最终会危及国家的前途和民族的命运。

基于上述认识，成渝地区双城经济圈打造城乡融合发展样板区，应努力在如下方面加强探索、实现创新：

1. 全面建立以城带乡体制，以强化支撑为导向调整城乡关系

应全面梳理城市群、都市圈等与农村的关系，通过法治建设和制度阻拦，最大限度地克服城市对乡村的虹吸效应，而形成最有效的辐射效应。与此同时，应结合行政区划或属地关系调整，建立起城镇、城区对所辖乡村的结对帮带关系；探索形成稳定的帮带机制，推动政、事、企各单位以灵活有效的形式持续对农村开展帮带行动；全方位建立以城带乡的政策支撑体系，把帮带工作成效作为政绩评价的核心内容。

2. 实行公共资源的均衡配置，推动城乡一体发展

按照协调布局、互补互促、共同繁荣的原则，统筹生产、生活、生态和安全的需要，制定城乡经济社会发展规划，对城乡产业结构调整、基础设施建设、生态环境保护、公共服务提升等重要领域进行协同部署；强化农村基础设施建设，完

善城乡道路体系和公交网络，推进城市电力、通信、供水、燃气、污水收集等管网设施向乡村拓展延伸；加强城乡一体治理，以农房改造、村庄整治为重点提升乡村建设质量，推进精神文明创建、思想道德建设、管理规则创新等方面的城乡对接，借乡村田园之美助推城市品质提升，依城市治理标准促进乡村投资环境优化；进一步消除体制与政策障碍，努力推进标准统一、制度并轨，实现城乡基本公共服务均等化，协同满足城乡居民对美好生活的需求。

3. 大力破除城乡分割体制障碍，实现城乡要素平等交换、双向流动

乡村要振兴、城乡须平等，要下决心、大力度解决农村与城市、农民与市民权利差异问题。进一步完善法规与政策，赋予农村居民在就业、创业、居住、流动等方面与城市居民完全同等的权利。"富裕农民必须减少农民"，成渝地区要进一步加快推进农业人口向城镇转移和农业转移人口市民化。为此，应深化户籍制度改革，完善居民户籍迁移便利化政策措施，包括进一步优化农业转移人口在重庆主城和成都落户的政策措施。应将农村资源要素全面纳入市场化轨道，依照市场规则进行交易。特别应在推进城乡统一的建设用地市场建设、实施农村集体经营化建设用地入市制度等方面积极探索、走在全国前面。

4. 创新生产经营模式，构建现代化建设的基础支撑

立足家庭小农经营又超越家庭小农经营是适应农村推进农业农村现代化和农民实现富裕的必然选择。成渝地区双城经济圈应立足于此着力探索创新，在这方面三管齐下、协同并进：其一，推进农村承包地所有权承包权经营权"三权分置"、农村宅基地所有权资格权使用权"三权分置"、农村集体经营性建设用地入市等改革，结合探索灵活多样的供地新方式，为农村规模经营创造条件。其二，通过就地培育和城市转移，形成一批家庭农场、合作社、龙头企业、农业产业化联合体等新型生产经营主体，依托土地租赁、土地托管、耕地股份合作、代耕代种等形式，实现多种形式的适度规模经营。并以此引入现代化经营模式、先进技术手段和高效能操作平台，促进农业提质增效、融合发展。其三，深化农村集体产权制度改革，拓展经济发展载体，发展壮大新型集体经济，为促进现代化生产经营、抵御各类突发安全风险、实现农民共同富裕提供坚实支撑。巩固拓展脱贫攻坚成果，实现脱贫地区乡村全面振兴是成渝地区面对的一项艰巨任务，应借助生产经营模式创新带来的各种城市动能的注入，培育和壮大贫困地区产业门类，形成持续发展、

脱贫致富的长效机制。

5. 推进产业融合，构建具有特色和竞争力的现代乡村产业体系

依托城市产业转移和城市企业入村，带动新兴产业发展和一、二、三产业融合；依托乡村特色优势资源，促进农业产业链拓展延伸，建设现代农业产业园和优势特色产业集群；依托特色小镇建设，带动休闲农业、乡村旅游、民宿经济等特色产业发展，配套发展科技创新、现代金融、共享平台等现代服务业。

6. 严守行为边界，维护城乡协调互补格局

城乡功能不可替代、城乡资源要素互相支撑。城乡融合、以城带乡不是变乡村为城市，而是使乡村产业兴旺、生态宜居、乡风文明、治理有效、生活富裕。在成渝地区双城经济圈打造城乡融合发展样板区，应把建设美丽宜居、富裕幸福的乡村作为基本目标。为此，必须深入实施乡村建设行动，持续改善村居村貌和人居环境。与此同时，应把维护乡村特色与功能作为一切行动的底线。应严格遏制乱占耕地的各种违法违规行为，防止耕地"非农化"；应切实保护乡村传统文脉和古朴风貌，防止违背自然规律挖湖造景；应严格规范房屋建造和村庄撤迁，使必要的建设充分凸显地域特色、承载村韵乡愁。总之，美丽的乡村不应是"城中村"、融合发展的城乡不能是有城无乡。

（作者系中国区域经济学会顾问，中国区域科学协会名誉会长，国家发改委原副秘书长，中国区域经济 50 人论坛成员）

◎责任编辑：李珺

企业在乡村产业振兴中要强化五种思维

⊙ 刘宗林

乡村振兴是新时代国家战略，具有广阔的时空纵深。从纵向看，它伴随中华民族伟大复兴的全过程；从横向看，它涵盖乡村政治、经济、文化、生态及社会治理各方面，而且城乡要融合发展。

实施这一伟大工程，需全党动员，全社会参与，其中，农业产业化龙头企业肩负重要使命。这是因为：在五大振兴中，产业振兴是基础、是关键，是其他振兴的前提。产业振兴的实施主体是有组织的农民，它包括新型职业农民、家庭农场、农民合作社、社会化服务组织、农业企业等新型经营主体。其中，农业产业化企业作用特殊，地位重要，上连生产基地，下接消费市场，在产业链中处于中枢地位。

当前，农业企业一个个摩拳擦掌、跃跃欲试，对参与乡村振兴充满激情，期望在这壮阔的历史画卷中留下自己的痕迹。但其中一些企业参与的目标不明确、思路不清晰、举措不具体，带有较大盲目性。笔者认为，当务之急是要树立五种思维，从"根"上辨清方向，以期收到纲举目张之效。

一是强化市场化思维。刚刚过去的八年脱贫攻坚，是在规定时间内，使所有贫困地区全部摘帽，所有贫困人口全部脱贫，工作目标带有鲜明的政治色彩。因而，推动方式主要是运用政府这只"有形之手"，发挥"集中力量办大事"的制度优势，各种优惠政策集中投入，各类优势资源叠加聚集，成效卓著，创造了人类脱贫史上的奇迹。

产业振兴则不同。产业属于经济范畴，其成长发育，固然需要政府的政策扶植和支持，但更多要遵循市场规律，运用经济手段，讲究投入产出，计算成本效益，检验其成败的是"市场"而非"市长"。因此，企业参与乡村产业振兴，一定要树立市场思维，对接市场需求，掌握市场信息，减少盲目性，提高精准度，力求收到既推动产业发展，又壮大自身实力的双重效益。调研发现，一些企业下乡村参与产业振兴，带有明显的功利性，其动因在于利用国家实施乡村振兴战略，到乡村去圈"政策红利"，分"政策蛋糕"。我曾应邀参与某企业乡村产业发展项目的规划咨询，他们在项目效益评估时，赫然将"拟争取政府支持"列入其中，我毫不犹豫地发表了否定意见。很明显，这个企业是奔着"政策蛋糕"而来的，压根就没考虑企业的经营效益，套完了"政策红利"，很可能就洗脚上岸，或者"政策红利"消失了，企业也就随之消亡。还有一些企业，出于回报桑梓的朴素感情，明知产业项目无利可图甚至是赔本生意，为了增加乡亲们的收入，也要硬着头皮做。这同样不可取，因为做企业与搞慈善是两个截然不同的领域。"追逐利润"是企业的宗旨，"慷慨解囊"是慈善的义举，只有将企业做大做强，积累了雄厚的资本，才有做慈善的能力，否则，有慈善之心也无行善之力。

二是强化现代企业思维。调研发现：湖南省为数不少的农业企业是家庭式、家族式的，以血缘为连接纽带，父亲（母亲）当董事长，子女做总经理，管理层都是"七大姑、八大姨"。这种企业很难做大，往往营业收入在亿元这个门槛上徘徊。家庭（家族）和企业是两个截然不同的群体。家庭是血缘关系，具有生物学上的排他性，遵从的是伦理道德，比如上慈下孝、惟老是从等；企业是社会关系，具有生物学上的包容性，遵从的是市场准则，比如优胜劣汰、公平竞争等。当家庭体系与企业体系、家庭规则与市场规则混为一体或界限不清时，就可能发出错误的决策信号，使企业陷于混乱。家长和董事长合二为一，如果做出的决策不正确，按家庭伦理必须遵从，"孝顺"在中国的家规中占有特殊地位；按企业规则应否定或修正，因为它背离利润最大化的企业终极目标。作为集家庭成员和管理者为一身的执行人，在家规和行规的碰撞中会无所适从，甚至引发尖锐冲突，夫妻反目、父子成仇不是个案。

因此，农业企业必须树立现代企业思维。要建立以市场经济为基础，以企业法人制度为主体，以公司制度为核心，以产权清晰、权责明确、政企分开、管理科学为条件的现代企业制度；要构建法人治理结构，设立股东会或股东大会、董事会、监事会和总经理，明确各自的职责权限，各行其职，各负其责，相互协调，相互配合。作为家长，父命子从，有绝对权威，但作为董事长，要忠实执行股东会或股东大会的决定，接受监事会的监督，尊重经理层的意见；要组建股份有限公司，吸收非家族成员股东，扩充非家族成员股份，形成多元股本结构，变家庭（家族）独资为合资合股，变家长（家族）"一言堂"为股东会、董事会"群言堂"。

三是强化产业链思维。农业企业与工业企业的显著区别是：农业企业直接生产初级农产品，或以农产品为原料的加工品，经营对象都是鲜活的生命体，其生长需要适宜的环境，工业企业则不然。因此，不论是直接生产农产品，还是农产品加工，都要掌握农作物的特性及生长规律，树立产业链思维。比如说，农作物生长有很强的季节性，实物收获长则十天半个月，短则三五天，不像工业原料，一年四季随时可供。那就需要在项目设计时充分考虑原料仓储设施和初加工环节，做到应季收储，全年均衡生产。再比如产品质量，也体现在产业链的各个环节，如果农产品产地环境不达标，品种不优良，种养技术不规范，就难以产出优质原料，加工环节即便有世界顶级的厂房设备、一流的工艺水平，也生产不出高质量的终端产品。有的农业企业只注重加工端，忽视上下游，这很危险。因此，农业企业一定要将上游原料基地建设作为第一车间，要么自建与加工能力相匹配的原料基地，要么制定原料标准，与种养企业及各类经营主体结盟，确保源头有水、源头活水、源头优质水。

与产业链思维相关的，是产业链各环节的利益分配。农业有一个重要特征，就是产业链初始端的效益微薄，每延伸一个链接效益就拓展一个空间，而且初始端集聚着庞大的从业群体，这些人的利益对产业链的影响至关重要。因此，不能急功近利，为了企业的眼前效益，降低生产成本而不顾初级产品生产者的利益，其结果要么保证不了原材料的质量，要么在供不应求时原材料断供，类似情况不是个案。这些年，湖南省茶叶集团不断壮大，一个重要原因就是与上游茶农结成利益共同体，组织茶农按标准生产，给茶农稳定的预期收益，建成高标准茶叶基地 99 个，面积 63.5 万亩，实现了茶农增收、企业增效双赢。

四是强化互联网思维。如前所述，我省不少农业企业是家族式的，导致这些企业思维僵化，眼界不宽，格局不大，走不出传统的思维方式和生产方式，很难跟上日新月异的科技进步形成的时代节拍，在以互联网为标志的现代科技面前眼花缭乱，甚至晕头转向。互联网的广泛运用，改变了人们的生产方式、生活方式，乃至生存方式。能否融入互联网时代，能否适应因"网"而生的社会变革，对农业企业是极大的考验。树立互联网思维，就是要善于运用互联网这一现代科技成果分析供需、谋划产业、制定标准、指导生产、开拓市场。

长期以来，业界存在一种"跟风"现象，就是看见别人赚了钱，赶紧跟着搞，项目刚建成市场又发生了变化，做了赔本买卖，比较突出的例子就是反复出现的"猪周期"。究其原因，在于传统的信息传递方式跟不上市场变化的速度，信息在传递中或失真或转向。互联网技术出现后，这一问题可迎刃而解。通过大数据比对，互联网传递，能及时精准分析某种产品供求现状、空间容量和发展趋势，从而为项目决策提供精准引导，防范因信息迟缓、失真带来的决策失误。再比如，建立在互联网之上的线上营销、直播带货等商业模式，实现了供需双方瞬间无缝对接，极大降低了交易成本，长期困扰我们的"谷贱伤农"和"米贵伤民"的问题得到较好解决，在透明状态下"买世界""卖世界"。互联网＋物联网技术，可实现农业生产过程远程控制和农产品质量远程溯源。要将互联网思维的确立、互联网技术的应用，作为评价现代农业企业的重要标准。大数据、互联网、区块链等现代科技的广泛运用，必将为农业安上腾飞的翅膀，使之成为风光无限的朝阳产业。

五是强化品牌思维。品牌，是现代农业的标签。因为现代农业是建立在现代理念、现代装备、现代技术、现代组织形式之上的崭新业态，而品牌就是这些元素综合作用的标志物。中国农业正在经历脱胎换骨的转身，即由以数量取胜的路径依赖转到质量兴农上来。这一转身是由供求关系变化决定的，农产品短缺时代终结，结构性过剩已经出现，买方市场全面形成。在买方市场主导下，产业和企业的兴衰，决定因素不再是数量和规模，而是质量和品牌。因此，在省政府的"六大强农行动"中，"品牌强农"位居其首。

品牌是建立在实物之上的文化和精神，是产品的内核，是无形的市场竞争力。同样一种产品，有无品牌，品牌影响力大小，其市场占有率、经济效益有天壤之别。克明面业能够在远离原料市场的南县做"无米之炊"，其挂面占了全国市场份额的10%以上，就得益于"一面之交，终生难忘"的品牌影响力。反之，有的农产品质量非常好，但没有品牌作支撑，只能"养在深闺人未识"，优质不能优价，甚至无人问津。

品牌以品质为依托，而品质来自标准化。标准化是一个体系，产地标准、生产标准、产品标准几个方面缺一不可。要选准并优化与特定农产品相适应的产地环境，包括土壤、空气和水；要制定并严格执行生产标准，建立生产过程负面清单；

要量化产品质量标准，做到可检测、可追溯、可投诉。同时，要破除"酒香不怕巷子深"的惯性思维，加大品牌包装、宣传、营销力度，让品牌靓起来、活起来、响起来，使品牌转化为企业形象、经济效益。

（作者系湖南师范大学中国乡村振兴研究院专家委员，湖南省人大农业与农村委员会原主任委员，湖南省农村发展研究院院长）

◎责任编辑：李珺

湖南乡村振兴的五大成效与三大态势

⊙ 陈文胜

乡村振兴战略，是关系中国长远发展的重大战略。以对县域的调研为基础，通过对省内典型县域的调查研究，总结了湖南全面推进乡村振兴取得的五大成效，研判了三大基本态势，分析了亟待破解的六大现实难题，在此基础上提出了推进湖南乡村振兴的对策建议。

一、湖南全面推进乡村振兴取得五大成效

湖南坚持对标对表稳守脱贫底线，持续巩固拓展脱贫攻坚成果，接续推进脱贫地区乡村振兴，各项工作稳步推进、成效明显。

1. 对标对表稳守脱贫底线，脱贫攻坚成果持续巩固拓展

乡村振兴的前提是巩固脱贫攻坚成果，坚决守住脱贫底线。一是保持战略定力，自觉扛牢巩固脱贫攻坚成果政治责任。严格对标对表，落实"省负总责、市县乡抓落实"的要求，压紧压实各级各部门政治责任。二是保持底线思维，坚决筑牢防止规模性返贫的屏障。坚持"应纳尽纳、应帮尽帮"，将各类可能导致返贫的突发情况纳入监测和帮扶范围。从严排查整改问题，有效化解潜在风险矛盾。三是保持政策稳定，协调部署推进"有效衔接"落到实处。加强有效衔接的制度设计，保持主要帮扶政策总体稳定，政策不留空白、工作不留空档，政策、工作、机构队伍平稳过渡。

2. 深耕"三块田"，农产品供给保障能力稳步提升

打造以精细农业为特色的优质农副产品供应基地，坚决扛稳粮食安全重任。一是深耕稳产保供"责任田"。以抓优势区早稻为重点稳面积，以落实关键技术为重点提单产，守好"米袋子"，管好"菜篮子"，2021 年全省完成粮食播种面积 7137.6 万亩，超过国家下达任务 53 万亩，总产 614.9 亿斤，同比增加 11.9 亿斤，其中早稻面积、产量均居全国第 1 位。二是深耕综合改革"试验田"。深化湖南现代农业综合改革，构建了"四带八片五十六基地"特色产业发展布局，形成洞庭湖稻田综合种养区、长株潭都市农业区、大湘南粤港澳蔬菜供应区和大湘西山地特色农业区 4 大功能区，规划布局优势特色产业核心产区产业集群 12 个，建成了柑橘、生猪、茶叶和中药材 4 个国家级农业产业集群，新增"湘九味"中药材、"五彩湘茶"2 个国家级优势特色产业集群，实现优势特色产业集群发展。三是深耕精细农业"高产田"。突出农业优势特色千亿产业和地域文化特色，抓好品牌化支撑，实现农产品与市场精准对接。同时，推进种源等农业关键核心技术攻关，着力打造种业创新和智慧农机"两个高地"，杂交水稻育种技术领先全球，每年为全国提供杂交水稻种子 8000 多万公斤，超级稻双季亩产攻关突破 1600 公斤，再次刷新纪录。

3. 以美丽宜居为着力点，乡村建设行动稳步推进

始终践行以人民为中心的发展思想，注重彰显湖湘文化底蕴、保留乡村特色风貌，坚持先规划后建设，强化人居环境改善，扎实推进美丽宜居乡村建设。累计创建美丽乡村示范村 6757 个，省级同心美丽乡村 1608 个，全省村庄（建制村）绿化覆盖率达 64.2%。2021 年 7 月 23 日，全国农村厕所革命现场会在衡阳召开，胡春华副总理出席会议并作重要讲话，衡阳市落实"首厕过关制"经验获全国推广。同时，强化农村基础设施建设与公共服务县域统筹，加快推进以县域为重要载体的城镇化建设，提高乡村教育质量、农村医疗卫生水平，持续推动水、电、路、气、讯、广电、物流等基础设施在村级层面的横向覆盖，在农户层面的纵向延伸。

4. 抓党建、兴文化、立新风，乡村治理取得新成效

乡村振兴，治理有效是基础。湖南围绕乡村治理中的共性问题、难点堵点进行深入探索。一是加强党建引领，增强基层组织凝聚力。充分发挥基层党组织的战斗堡垒作用，强化政治领导、夯实基层基础、团结凝聚群众，推动乡村人才培

育、乡风塑造、生态维护，基层党建的优势不断转化为乡村治理的效能。二是发挥德治教化作用，弘扬时代新风。开展"湘'约'我的村——寻找最美村规"活动，制定《红白理事会章程》，启动"三湘新风拂面来"主题宣传，充分发挥道德评议会、红白理事会等作用，推进移风易俗，树立文明新风。三是创新特色治理模式，激发农民内生动力。加强乡村治理试点示范，推动依法自治、依法协助政府工作、减负工作"三个清单"落实，加快推广运用积分制、清单制，促进繁杂事务具体化、抽象事务数量化、分散事务标准化，提高乡村治理水平。

5. 强化体制机制创新，乡村组织保障体系不断健全

全面推进乡村振兴是一项长期任务、系统工程，离不开有效的体制机制保障。一是强化党建引领，加快推进乡村治理能力现代化。将抓党建促乡村振兴纳入绩效考核、政治建设考察、基层党建述职评议考核的重要内容，夯实基层党组织在乡村治理中的领导核心作用。二是强化组织动员，广泛凝聚乡村振兴力量。加强部门联动，推进"万企兴万村"，深化东西协作、对口帮扶、结对帮扶机制。发挥国企力量，助力引资金、聚人才、兴产业。三是强化纪律监督，从严整治形式主义和官僚主义。开展有效衔接问题"一县一清单"专项监督行动、"纪委为您来解难"带件走基层、惠民惠农补贴资金"一卡通"专项监督、扶贫项目"两拖欠"问题清理，为基层明责减负。四是强化关心关爱，持续激发干部干事创业激情。落实乡村振兴一线干部津贴补贴、健康体检、休假等政策，健全容错纠错机制，为担当干事者撑腰鼓劲。

二、湖南农业农村现代化呈现三大态势

党的十九大以来，湖南省农业农村发展取得历史性成就、发生历史性变革，脱贫攻坚成果不断巩固和拓展，现代农业产业体系、生产体系和经营体系基本形成，农民生活水平持续上升，向农业农村现代化新征程迈出了新步伐。

1. 农业由粗放低效逐渐向高质高效新阶段迈进

深入实施品牌强农、特色强农、产业融合强农、科技强农、人才强农、开放强农的"六大强农"行动，加快培育农业优势特色千亿产业，着力打造种业和农机"两个高地"。一是农业生产总体呈现明显稳中有升态势。"十三五"期间，湖

南粮食面积稳定在 7000 万亩、产量稳定在 300 亿公斤左右，以最强执行力稳固粮食"基本盘"、坚决扛起粮食生产大省的责任担当。支持打造油料、蔬菜、水果、茶叶、中药材等优势特色千亿产业，因地制宜打造绿色精细高效发展模式，辐射带动产业提质增效。二是农业现代化水平稳步提升，质量效益和竞争力持续增强。"十三五"期间，湖南主要农作物机械化水平由 43.8% 提高到 52.2%，水稻耕种收综合机械化水平由 68.4% 提高到 78.4%，油菜耕种收综合机械化水平由 52.2% 提高到 62%。谋划打造全国种业创新高地，启动"现代种业自主创新工程"重大科技专项，出台了《湖南省种业振兴行动实施方案》，建立岳麓山种业创新中心，高标准筹建岳麓山实验室，在全国率先建成南繁科研育种园（陵水）。三是农村一、二、三产业融合呈现明显加速态势。重点打造十大农业优势特色千亿产业，发展形成了五大功能区，推动农产品加工业高质量发展，特色化、优质化、多元化产业发展新格局正在形成。新增国家级重点龙头企业 20 家，全省农产品加工业产值达到 1.99 万亿元，同比增长 7%，产值居全国第 7 位、中部第 3 位。开展了一系列接地气、聚人气、有朝气的乡村旅游工作实践，目前，省内共有全国乡村旅游重点镇 3 个，重点村 41 个，星级乡村旅游区（点）1243 个。通过文化旅游直接和间接减少贫困人口累计 100 余万人，1641 个旅游扶贫重点村全部脱贫。

2. 乡村公共服务由传统二元分割逐渐向城乡一体化新阶段迈进

紧紧围绕新发展理念，从基础设施建设、教育医疗、就业和社会保障、文化建设和生态环境治理方面，加快城乡一体化发展进程，让乡村成为安居乐业的美丽家园。一是城乡教育差距逐步向一体化变革。"十三五"期间，湖南以国家实施"全面改薄"工程为契机，累计支出 322.54 亿元；以 51 个脱贫县为主体新建的 101 所芙蓉学校，将 14.6 万个优质学位建在欠发达地区，建在贫困学生的家门口，成为湖南省独有的教育扶贫项目品牌。二是医疗卫生事业逐步向乡村拓展。农村基层医疗卫生条件得到最为明显的改善，到 2020 年，湖南建有乡镇卫生院 2147 个，建有村卫生室 38109 个；乡镇卫生院床位为 10.75 万张，比 2016 年增长 11.67%；乡镇、村卫生工作人员增长较快，每千人农业人口乡镇卫生院人员为 11.37 人，每千人农业人口配备的村卫生室人员为 5.77 人，比 2016 年分别增长 112.47% 和 65.06%。三是城乡就业和社会保障逐步向乡村覆盖。2021 年，城镇新增就业人员 75.3 万人，新增农村劳动力转移就业 44.4 万人，三次产业从业人员比例由 2016 年的 40.50：23.30：36.20 调整为 2020 年的 25.50：26.90：47.60。城乡社保覆盖范围不断扩大，2021年湖南参加养老保险人数5293.1万人。其中，年末城乡居民基本养老保险参保人数3443.6万人，去上年下降0.8%，城镇职工基本养老保险参保人数1849.5万人，增长6.9%。基本医疗保险参保人数6748.7万人，其中，城乡居民基本医疗保险参保人数5723.5万人，城镇职工基本医疗保险参保人数1025.2万人。

3. 农民由全面小康逐渐向富裕富足新阶段迈进

湖南脱贫攻坚取得决定性成就，全省51个贫困县、6920个贫困村全部脱贫，尤其是"十三五"期间，平均每年减贫超过100万人，区域性整体贫困得到解决，农民快步由全面小康迈向富裕富足之路。一是农村居民收入增速呈现不断加快的趋势。2021年，城镇居民人均可支配收入为44866元，农村居民人均纯收入为18295元，较2016年分别增长43.42%和53.35%。城乡居民人均可支配收入比连续10年下降，由2016年的2.62下降到2021年的2.45，农村居民的福祉得到大幅改善。二是农村居民消费水平呈现不断提高的趋势。2021年，城镇居民人均消费支出为28294元，农村居民人均消费支出为16951元，较2016年分别增长32.09%和59.47%。从2016—2021年的整体消费水平来看，湖南城乡消费差距明显缩小，城乡居民消费结构得到明显优化。尤其是农村居民恩格尔系数由2016年的31.71%降至2020年的30.96%，降低了0.75个百分点。

三、全面推进湖南乡村振兴亟待破解六大难题

乡村振兴是一项系统工程和国家战略，具有时间长、任务重、困难多的特点，必须在不断解决问题中推进。湖南还需不断理顺一些现实问题，破解乡村发展中面临的诸多难题。

1. 粮猪型农产品结构不优效益不高，稳产保供压力大

湖南作为传统农业大省，历史上形成了产业结构与品质结构单一的粮猪型农产品结构，但也留下了农产品结构不优效益不高的问题。一是粮猪型农产品结构不适应当前消费结构变化需求。粮猪型农产品适应温饱型消费市场，不适应当前消费结构分层与变迁带来的需求变化。粮猪多元结构调整进展缓慢，品牌化、差异化发展任重道远。二是粮猪型农产品结构效益低，农民种养积极性不高，缺乏中、

高端结构的优质品牌，因而整体效益低。湖南出栏大部分是普通白猪，去除人工成本后利润空间很小，猪肉价格一旦下跌，农民就要亏本。三是湖南粮猪型结构致使区域农业产业趋同化。市场竞争还是简单的价格竞争，没有体现出优质优价，农民增产不增收、丰产不丰收的现象时有发生。

2. 丘陵山区居住分散化和空心化，人居环境改善困难多

湖南大部分地理空间属于丘陵山区，水田少山林多，农民为了不占水田而把房子分散建在山脚和山腰上，但农民分散居住也带来一些问题。一是丘陵山区分散居住使村庄环境改善成本高。分散居住尽管可以节约农田，但一户一宅的分散居住导致公共设施建设成本高，生活设施建设花费大。二是分散居住农民人居环境改善动力小。一些地方随意乱丢垃圾行为已成习惯，人们对于垃圾分类、垃圾集中处理认识不够，分散居住各做各的事，家庭环境卫生缺乏对比。三是人居环境基础设施整体滞后。一些比较发达的村庄，农产品加工厂和小型企业的污水排放没有严格处理，存在乱排放的问题。乡村污水处理设施跟不上。

3. 乡村传统文化多样性与乡愁迷失，乡风文明建设困惑多

当前乡村乡风文明建设中，对传统文化的把握不足，乡愁迷失严重，存在诸多的问题。一是传统文化与现代都市文明碰撞导致乡愁迷失。维系传统乡村共同体的血缘和地缘关系因城市化、市场化和非农化进程而受到极大的冲击，人们经济活动和生活足迹的"脱域化"明显。二是乡风文明建设急于求成导致形式化。有些地方干部工作不细，急于求得效果，不顾传统文化的差异和乡愁的价值，强力推进格式化和标准化的乡风文明建设。三是乡村民俗民风改造中过分市场化。在市场化的影响下，乡风文明没有把乡村朴素的民风民俗发扬传承下去，而是跟风市场化把一些好的民风也丢了，形成了一股金钱至上的市场化风俗，不断侵蚀优秀的民俗民风。

4. 农民对村庄治理的自主性参与不足，干群关系融洽互信难

从整体来看，治理效果并不十分理想，甚至还存在较为严重的问题，特别是在干群关系的融洽互信上显得淡化和疏远。一是村干部忙于应付上级任务，无暇细致做群众工作。有些地方的村干部一味对上负责，跟农民的沟通少，加上撤乡并村后行政村人口剧增，很多地方的村干部认不得农民，村干部与农民的关系也

变得越来越远。二是农民外出打工并不关心乡村治理。外出打工的村民参与乡村治理的成本高,村里的自治事务也很少通知外出务工的村民,村民对乡村的具体政策不了解。三是乡镇干部下村进户少,逐渐脱离农民群众。当前乡镇干部下乡很少,深入农户更少,乡镇干部做群众思想教育工作越来越流于形式,一些地方的乡镇干部官僚主义和形式主义作风比较严重,对于上级的政策法规宣传不到位,工作难以得到农民群众的理解,导致在一些问题的处理上与农民产生矛盾。四是乡村干部考核缺少农民参与和监督。当前的干部考核是上级考核下级,农民不参与考核,没有监督乡村干部的权利,这也导致农民对乡村治理事务参与的积极性不高。

5. 疫情防控常态化农民外出就业下降,农业大省增收难

在疫情防控的同时,受世界经济大环境的影响,我国经济下行趋势明显,为乡村振兴农民增收带来的影响日渐显现。一是疫情下服务建筑等行业不景气,农民外出就业岗位减少。服务行业与建筑行业的不景气,导致农民打工的就业岗位减少;岗位竞争大,工资标准下降,农民增收难。二是疫情常态化提高了农民外出就业成本。疫情管控繁琐的检查报备程序和对外来人口的管控措施,给农民外出务工带来不便,拉高了农民外出务工的成本。三是疫情下经济下行城市居民对农产品有效需求不足。餐饮行业不景气,农产品消费量减少。居民农产品消费意愿降低,农产品产业链价值实现受阻,导致了农产品需求萎缩。

6. 资源开发不够与土地要素流动不足,农村改革深化难

当前农村改革推进中,由于土地资源开发不够、土地要素的流动性不足,导致农村改革难以深化下去。一是土地资源短缺、社会资本难以进入乡村。一些地方因为土地改革推进艰难,土地资源难以用活,造成土地资源短缺严重,导致许多项目不能落地,乡村产业无法进一步发展,社会资本没有依附而不能进到乡村来。二是宅基地"三权分置"改革推进缓慢。宅基地改革整体推进的力度不足、创新不够,存在思想比较保守的问题,面对上级政策时,一些地方的改革常常是研究哪些不能做,而不是从现有政策中研究哪些能做。三是一些干部改革观念落后,缺乏担当精神。某些乡村干部自身素质和能力跟不上改革,破解难题本领不强,不敢担当和作为,在改革中不愿突破陈规和放弃既得利益,怕承担责任和风险,满足于维持现状不出问题。

四、全面推进湖南乡村振兴的基本建议

湖南全面推进乡村振兴需坚持农业农村优先发展，牢牢守住保障国家粮食安全和不发生规模性返贫两条底线，继续在区域特色分工、村庄风貌提升、县域城乡融合改革等方面发力。

1."做优一桌湖南饭"，乡村产业应着力区域特色分工

基于湖南特有的人地关系、地理禀赋、资源环境，要进一步明确全省各农业区域板块的区域分工，全面优化湖南农产品品种的区域结构。一是以"一县一品"为取向，优化湖南特色农产品品种结构。制定湖南省特色农产品区域布局规划，调整特色农产品品种范围和布局。优化农业发展财政支持政策，开展扶持资金使用绩效考核。二是适应消费结构变迁，着力提升中高端农产品品质。加快农业生产方式向绿色化转型，探索农业循环经济发展新模式。健全农产品质量安全监管体系和全过程质量安全追溯体系。三是发挥地理优势，不断拓展特色农产品生产立体耕地空间。向"四荒"地、水域、林地等拓展特色农业生产空间，利用"四荒"地发展特色农业，建设大水面生态渔业，延长林下经济产业链条。四是加大对湘菜扶持力度，实现吃得好又卖得好。加大品牌湘菜支持力度，以百年老店为主体打造湘菜全产业链，支持湘菜走出湖南。五是加大科技研发和科技赋能力度，实现从田间到餐桌智能化。提高土壤生态修复技术，研发适合湖南地理条件的农机，推进农业智慧化发展。

2.突出留住"乡愁"，乡村风貌应彰显湖湘乡村风情

充分尊重每个村庄不同的风土人情，突出地域特色元素，留住村庄绿水青山，留住乡愁。一是制定村容村貌的顶层设计和正负面清单。依据区域发展功能定位对村容村貌进行顶层设计，科学编制符合发展需要、契合"三生"空间实际的村庄规划。根据地理条件、历史文化传统，列出村容村貌建设的正面清单和负面清单。二是推进村容村貌提升与文化传承互相融合。加大对村庄历史文化梳理的力度，提炼村庄独有的精神文化，引导村民对其所生活村庄的历史和文化产生认同感、自豪感。加强村庄历史文化保护，乡村建设禁止大拆大建、大面积硬化。三是加强村庄规划提档和建设管控。尊重农民意愿，吸引农民和乡贤们参与村庄规划编制，编制出来的规划要让农民看得懂。加强农村建房风貌管控，积极探索解决"农

村有新房没新村，有新村没新貌"的难题。

3. 激活乡村内生动力，乡村治理应敬畏农民法定权利

激活乡村振兴的内在动力，是推进乡村振兴的前提性条件。一是以农民群众答应不答应、高兴不高兴、满意不满意作为衡量乡村治理成效的根本尺度。构建以人民群众为主体的乡村治理考评机制，探索引进第三方专业机构和社会中介组织进行乡村治理成效评估。二是对农民的法定权利始终保持敬畏之心。对农民的政治权利、经济权利、社会权利始终保持敬畏之心，尊重农民意愿，保障农民利益，改善农民生活。三是赋予农民充分的话语权和自主权。畅通农民利益诉求表达渠道，维护好农民群众的合法权益。赋予农民更多的自主权、乡村文化选择和建设的权利，调动农民积极性、主动性和创造性。

4. 聚焦城乡融合发展，农村改革应把县域作为主战场

推进城乡融合发展，实现农村发展动力变革，是实现经济转型的有效突破口。一是推进农村发展与城镇发展对接。加快推动乡村基础设施提质升级，推动公共服务和公共设施向农村延伸，提升乡村社会事业信息化水平，完善乡村社会保障网络。二是推进农村资源要素与城市资源要素对接。加快农村产权流转交易市场建设，建立进城落户农民依法自愿有偿转让退出农村权益制度，构建政策配套、渠道顺畅、保障有力的城市工商资本下乡机制。三是推进农业发展与工商业发展对接。健全三次产业跨界发展机制，坚持以农业为基础，构建多种产业融合新业态。通过股权纽带、利益关联凝聚产业融合向心力，增加农民收入。

5. 守住不发生规模性返贫底线，"三农"主线应突出农民增收

农业农村工作，说一千、道一万，增加农民收入是关键。必须把增加农民收入作为全面推进乡村振兴的关键来抓。一是巩固脱贫攻坚成果，筑牢实现农民共同富裕的基础。加大脱贫群众就业帮扶，多渠道为脱贫群众创造务工机会。健全脱贫人口社会保障兜底帮扶机制。加快脱贫县发展，增强造血能力。二是拓展农民家庭经营净收入空间。加大特色农产品良种选育，加大县域特色农产品冷链物流体系建设支持力度，围绕县域特色农业推进乡村产业融合发展。三是促进农民更高质量更充分就业，实现工资性增收。助力返乡农民工返城就业，实施以农民工为重点的职业技能提升计划。发展高质量县域经济，支持农村创新创业。四是

完善农业支持保护制度，着力增加农民转移收入。完善农业补贴政策，加大农业农村金融支持力度，扩大农业保险覆盖面，降低小农户粮食和重要农产品生产风险。五是持续深化农村集体产权制度改革，提升村集体经济支撑农民增收的能力。推进农村集体经营性资产股份制改革、农村集体资源性资产确权和活权改革，探索农村集体经济组织与城市工商企业联合发展混合所有制经济，发展壮大农村集体经济，助力农民增收致富。

[作者系湖南师范大学中国乡村振兴研究院院长，本文系作者在《乡村振兴蓝皮书·湖南乡村振兴报告（2022）》发布会上的发布词]

◎责任编辑：李珺

党支部应当领办好农村集体经济组织

⊙ 张英洪

在乡村振兴中，党支部应当领办好农村集体经济组织，即村经济合作社或村股份经济合作社，通过推动集体经济组织的振兴，从而发展壮大新型集体经济，实现农民共同富裕。

农村集体经济组织的特性决定只能由党支部且必须由党支部去领办。农村集体经济组织是党领导广大农民进行社会主义革命与建设的产物，是党组织农民的历史性结晶。农村集体经济组织作为特别法人，有其鲜明的特征，主要体现在性质上的政治性、范围上的社区性、地域上的唯一性、产权上的封闭性、成员上的身份性、功能上的综合性等方面。集体经济组织的鲜明特性，决定了村集体经济组织只能由村党支部来领办，而不可能由其他任何组织或个人自愿去领办。而农民专业合作社则不一样，《农民专业合作社法》第二条规定："农民专业合作社是指在农村家庭承包经营基础上，农产品的生产经营者或者农业生产经营服务的提供者、利用者，自愿联合、民主管理的互助性经济组织。"第十九条规定："具有民事行为能力的公民，以及从事与农民专业合作社业务直接有关的生产经营活动的企业、事业单位或者社会组织……可以成为农民专业合作社的成员。但是，具有管理公共事务职能的单位不得加入农民专业合作社。"就是说，符合条件的能人以及与专业合作社业务直接有关的生产经营活动的企业、事业单位或者社会组织都可以领办、设立和加入农民专业合作社。且不说事实上具有管理村庄社区公共事务职能的村党支部以及村委会，是否适合领办或加入农民专业合作社这个法理问题，单就村党支部所处的领导地位和承担的重大职责来说，都应当率先领办好村集体经济组织。因为除了村党支部外，其他公民和企业、事业单位或者社会组织几乎都不可能自愿领办或加入农村集体经济组织，但其他公民和企业、事业单位或者社会组织只要符合条件都可以依法自愿领办或加入农民专业合作社。在村一级，可以设立多家农民专业合作社，但只能有一家代表土地集体所有权的集体经济组织。对于这种有中国特色的村集体经济组织，如果党支部不去领办，就不可能有其他个人或组织去领办。从某种意义上说，领办或加入农民专业合作社具有很强的市场选择性，而领办或加入农村集体经济组织，则具有明显的组织垄断性。可以说，领办农民专业合作社，并不是村党支部必须履行的本职工作，而领办农村集体经济组织，则是村党支部责无旁贷的重大职责。

农村集体经济组织作为社区型经济组织，其成员基本涵盖农村社区全体成员，应当由党支部去领办。与农村社区型的农村集体经济组织不同，农民专业合作社成员一般只涵盖社区部分相关成员，党支部可以领办农民专业合作社，也可以不领办农民专业合作社，但党支部必须领办好农村集体经济组织，这更有利于造福农村社区全体成员，实现农民共同富裕。在当前情况下，虽然领办集体经济组织比领办农民专业合作社更有利于社区大多数成员的福祉，但由于农村集体经济组织相关法律制度建设明显滞后，领办好集体经济组织比领办好农民专业合作社面临更多的困难，从而更富有挑战性和建设性，这就更加需要党支部发挥其显著的组织优势和政治优势，勇于担当，以改革创新精神将农村集体经济组织领办起来。据统计，2019年我国共有乡镇总数36082个，但建有乡镇级集体经济组织的却很少；总村数583573个，其中村集体经济组织413370个，占总村数的70.8%；村委会代行村集体经济组织职能的村共有170203个，占总村数29.2%；村民小组集体经济组织数为759321个，占全国村民小组总数4838482个的15.7%。可见，许多村组尚未建立集体经济组织，而有不少已建立集体经济组织的村组则运行不规范或只有空牌子而没有真正地运行，这就需要党支部以高度的使命感和责任感将集体经济组织领办好、发展好，从而推动集体经济组织的振兴，促进新型集体经济的发展壮大。

农村集体经济组织虽然有近70年的发展历史，但从总体上看，由于种种原因，农村集体经济组织的改革与建设明显滞后，存在的问题也比较突出，迫切需要村党支部去领办，并利用党支部所有具有的独特政治优势、强大组织优势、鲜明制度优势着力加以解决。

一是集体经济组织地位不明，需要党支部推动解决。农村集体经济组织虽然与基层党组织、村民自治组织构成我国当代村庄社会最重要的组织网络，但长期以来，农村集体经济组织的地位并不明确。我国至今缺乏《农村集体经济组织法》等专门法律明确集体经济组织的地位和作用。《民法总则》虽将农村集体经济组织确定为"特别法人"，但涉及具体落实特别法人的专门法律法规尚未跟上，农村集体经济组织以市场主体身份进入市场的一些具体障碍并未消除。在现实生活中，许多农村集体经济组织的自主性阙如。村党支部有责任向上级党委、政府呼吁和请求，大力推动农村集体经济组织立法包括地方立法，从法律法规上真正明确集体经济组织的市场法人地位。

二是集体经济组织产权不清，需要党支部改革解决。农村集体资产产权归属不清晰、权责不明确、流转不顺畅、保护不严格等问题比较突出，严重损害了集体经济组织及其成员的财产权利。诸如集体所有土地与国有土地权属不清、农村集体经济组织与其他组织的产权边界不清、集体所有权主体界定不清、集体经济组织与集体经济组织成员之间的产权不清等问题亟待厘清，否则，集体资产名义上"人人都有"，实质上就变成"人人都没有"。集体产权的模糊性，往往导致集体资产被少数人控制、被少数人侵吞。这些问题都需要党支部根据中央有关推进农村集体产权制度改革的要求，以改革精神推动和深化农村集体组织产权制度改革，切实保障集体经济组织成员的财产权利和民主权利。

三是集体经济组织政经不分，需要党支部带头解决。由于受人民公社"政社合一"体制的深刻影响，至今农村政经不分现象比较普遍。目前许多地方的农村集体经济组织的资产经营管理工作主要由村两委成员兼管，集体经济组织与村委会的账户混用。在村党支部的领导下，村级集体经济组织、村委会有必要实行经济事务、自治事务的分离和财务的分开。党支部有责任将集体经济组织的账户与党支部、村委会的账户分开，实行村级组织各司其职、各管其账。

四是集体经济组织名实不符，需要党支部负责解决。农村集体经济组织虽然有《宪法》和其他法律的规定，在政策上也得到不断的强调与重视，但在许多地方，农村集体经济组织可谓有名无实，或名不副实。很多地方的村级集体经济组织更是名存实亡，"有牌子，没组织"。有的村连集体经济组织的牌子也没有。不少农村集体经济组织内部管理也不规范，运转也不顺畅，没有开展正常的经营管理业务。村党支部应当以高度负责的精神，将集体经济组织真正建立起来、有效运转起来，为发展壮大新型农村集体经济奠定组织基础。

　　五是集体经济组织履职不全，需要党支部担当解决。农村集体经济组织具有"管理集体资产、开发集体资源、发展集体经济、服务集体成员"等职能，承担着社区综合性服务管理的多重职责。但长期以来，许多农村集体经济组织并没有充分履行有关法律和章程赋予和明确集体经济组织的职责，没有充分发挥应有的功能作用。比如，除了开发利用集体资源外，在集体经济组织"统"的功能上，就特别需要党支部勇于担当，正确理解以家庭承包经营为基础、统分结合的双层经营体制，增强集体经济组织对农户的统一服务功能，但决不能以"统"的名义去削弱乃至取消"分"的错误认识与实践误区。

　　六是集体经济组织经营不善，需要党支部重视解决。农村集体经济组织总体经营效益并不理想。截至 2019 年底，在全国 55.43 万个村中，没有集体经营收益或经营收益在 5 万元以下的"空壳村"有 32 万个，占总村数的 57.7%。像北京这样农村集体经济比较发达的地方，2019 年全市有 1982 个村级集体经济组织收不抵支，占村级集体经济组织的 50.3%；全市村级集体经济组织资产负债率为 55.3%。因此，村党支部需要真正集中精力，通过建立健全集体经济组织，发展壮大新型农村集体经济，提高集体经济发展效益和总体水平。

　　推动乡村组织振兴，是实施乡村振兴战略的重大任务，而推动农村集体经济组织振兴，是乡村组织振兴的重要内容。在实施乡村振兴战略中，要像重视基层党组织建设那样重视集体经济组织建设，像抓村民自治组织建设那样抓集体经济组织建设。各级党委组织部门有责任也有优势联合农业农村部门，共同将农村集体经济组织振兴作为新时代贯彻落实乡村振兴战略的重大历史任务进行谋划与推动，而实施党支部领办集体经济组织，将是推动集体经济组织振兴、发展壮大农村新型集体经济最有效的途径之一。

　　（作者系北京市农村经济研究中心研究员）

◎责任编辑：李珺

乡村草根创业的三个价值观

⊙ 冯仑

三年前，我和王石一起做阿拉善环保生态公益项目。在这个过程中，相关项目的推进引发我们对乡村发展的关注。

一

因为要做生态保育，以及节能炉灶、苹果等产业扶贫项目，我跟王石去了几趟延安。在调研和走访的过程中发现，乡村的生态问题，如果单纯地以生态项目来推进，是孤立的，而且是不彻底、不完全的。应该以乡村经济的发展和收入的全面提高为基础，推进文明程度提高以后，在乡村发展的过程中解决生态问题。举例来说，一个地方如果经济都没有充分发展，就给农民讲秸秆不能焚烧，要环保，要利用新的能源系统，比如用太阳能、风能取代煤炭和秸秆，农民往往是很难接受的。即使接受，也难以持续。事实上，在我们推进项目时，很多农民是接受我们的理念和倡导的，但是我们离开后，因为缺少外在因素，他们又回到原来的状态。

三年前，我在陕西渭南的一个村庄做扶贫项目，在一个农民家里住了四五天。在这期间，我经常跟当地的村民进行交流。经过交流发现，农村最核心的问题还是经济发展，经济发展最核心还是人才。比如我住的那户村民，女主人需要靠轮椅行动。但正是这样一个缺陷，给了她一个机会——能够天天在家里通过网络了解外界、增长眼界和见识，她成为村里的网络能人。随后她接触到电商，学习到了如何通过网络做生意。现在她的日子过得一点都不比别人差，小孩在县城上学，城里也有房子。通过这样一些方式，农户的能力得以发掘，不仅能够解决自身的经济问题，还帮助周围人发展，带动了周边经济，这是令人欣喜的。

在这个村子，我还接触到几个务工、当兵回来的年轻人。相对而言，他们更富有开拓精神和进取精神。第一，同样是农民，他们更愿意种植蔬菜等高经济价值的作物，比如种小番茄；第二，传统的农民思想相对保守，而这些年轻人有需求，也愿意贷款，有承担风险的心理预期；第三，他们主动参加农业技术培训，学习科学的专业技能和农业知识。正是这样，他们也带动了村里的年轻人，促进了整个村庄的发展。

因此，乡村要实现可持续发展，就要去激发和提供条件来培训像他们一样的乡村创业者和致富带头人。于是我们决定和延安大学合作，创办延安大学乡村发展研究院，依托这个学院，打造人才培养基地，持续提供智力资源。学院的创建、运营和持续发展，都必须有经济上可持续的支持，于是我们创设乡村发展基金会，这就是基金会的缘起和背景。我们的初心就是：通过乡村发展基金会的支持，持续为乡村发展提供智力资源，提供培训基地，提供政策建议。同时，为乡村致富带头人、乡村创业者提供更好的机会和更有力的支持。持续推动人才培养和人才建设，是基金会最重要的一个工作方向，也是基金会的发展重点。

在创建基金会的过程当中，王石提出一个想法：找 50 位企业家，提供他们各自企业的资源，把少数人的力量变成多数人的力量；再找 50 位知名人士，即有技能、有知识、有影响力的人。所以乡村发展基金会和别的基金会最大的不同在于：基金会的发展和壮大，就是把 100 位联合创始人的力量汇聚起来，结合周边企业、所在地的资源，一起参与，一起推动，用这样一股大的力量来持续地推动乡村发展，助力乡村振兴。

二

创业是一种特别的人生经历。在乡村振兴的大背景下，对于在乡村创业的年轻人，可大致分为两类。一是乡村本地人的创业。这类创业更多是为了当下的生计发展和当地资源的有效使用。乡村本土的创业者，更多的是要利用好本村的优势资源，解决基本的经济发展问题，提高收入，然后带动村民致富。这类创业规模可以不大，但要良性运营。可以利用电商及其基础设施，包括物流、冷链、在线支付等，逐渐扩大规模。比如延安地区的苹果，通过电商得以发展并形成品牌。二是我接触到的绝大多数乡村创业者，大部分从事的是现代农业，即用工业化的方法，用大规模的投资，来带动现代农业的发展。比如新希望是产业化农业，饲料、养殖、深加工等形成一个产业链。

这两类在乡村发展的创业人群有相似性，都要遵循产业发展的基本路径和方法。但我现在更关注前者——在乡下的，被称为草根创业的这类人群，他们围绕着本地有限的资源，利用现代科技和互联网手段，进行在地化的创新创业。在地化的创业，需要更好地运用本地资源，包括自然资源、人力资源及乡土优势，提升本地产品的价值。比如江苏句容的"豆腐村"，是谭木匠带领村民发展起来的。豆腐本来就是当地的传统产品，谭木匠带领村民，提升豆腐的品质，倡导环保的理念，重视生产和销售，将豆腐打造成品牌，远销上海、南京。不仅增加了自己的收入，也反哺当地村民，村民富裕之后，再开展种植、养殖，发展农业旅游观光等产业。谭木匠花了十几年时间，就依托于一个豆腐，使整个茅山镇都发生了巨大的改变。

这就是典型的、利用本地资源在地化的创业，创业者成为致富带头人，然后通过本地资源的发掘，发展相应的特色产业，带动本地经济发展，使村民得以可持续受惠。乡村发展基金会未来会对这类的创业者给予更多支持和帮助，也应该培训和发掘更多这样的人才。这一类的乡村创业者，创业规模未必大，创业人数肯定多。要培养他们对本地资源善加利用，合理提升，快速见效，使本村、本镇、本乡的经济大幅度改观。在我看来，在乡村发展中，在地化的草根创业是一个非常重要的领域。在地化的草根创业机会非常多，市场也很大。这就需要乡村发展基金会和延安大学乡村发展研究院，在人才的发掘和培训上，扩大关注视野，给予这样的创业者更多的机会，投入更大的力量。

三

创业能否坚持，能否持续取得成效，除了具体的技术产品、公司管理的方法以外，价值观非常重要。创业者的价值观就是要回答这样一个问题——创业该如何去做。在地化的草根创业的价值观有三个：一是用科学的方法。要讲究科学，科学技术摆在第一位，科学方法加上现代技术，是时代赋予我们的机会，帮助我们更容易把事情做对。二是要有公而忘私的初心。创业的出发点不完全是自己要致富，还要想着帮助周围的人，解决他们的就业，提供生计安排，提升他们的生活水平，也就是常说的利他主义。"穷则独善其身，达则兼济天下"，其实利他，最终会利己。你处处为别人着想，最后别人也会处处为你着想。在乡村能够持续创业，能够成功，这一点非常重要。比如豆腐村的参与者，十多年来，他们的个人生活都非常简朴，把所有的精力、人才、能力、资金都投入到乡村发展当中，所以得到了当地政府的支持和村民的认可，这就是利他终利己的典型。三是要可持续。包括环境的可持续、自然的可持续、人才的可持续、商业模式的可持续等，也就是要有长期发展的理念。举例来说，一座山上的石头有不错的价值，要把它全部挖掘出来，就把山炸了，这是短期发展的理念；可持续的做法是在保存山体完整的同时，开发石头的价值，这就是致富的可持续性。

乡村发展基金会如何加以引导？关键要遵循一个原则：项目要产品化，产品要互联网化，这是非常重要的。所以，公益理念一定要变成公益产品，产品还能通过互联网来直接触达目标人群。所以，未来乡村发展基金会需要把每个项目变成产品。所谓产品就需要标准化，这个标准包含质量的标准和规模的标准，形成标准就有可能复制，可复制才可推广；产品还应该互联网化，能够通过互联网传播，能够触达目标人群，然后影响民众的公益思想，达到价值倡导的目的。利用这些机会，可以使基金会的每一个项目都有更多的人参与，同时也能够带动更多相关领域的发展。这是未来乡村发展基金会特别需要重视的地方。

（作者系万通集团创始人）

◎责任编辑：李珺

数字农业会改造中国传统农业吗

⊙ 龚槚钦

　　随着 5G、云计算和人工智能技术的快速发展，数十万年来一直栖居在物理世界的人类，将开始大规模向数字世界"迁徙"。物理世界里的许多场景开始变得"无人化"，而在数字世界里出现了越来越多的"数字人"。数字化的交互将逐渐成为人们参与社会活动的基本形式，这可能是 21 世纪人类社会最大的变化，也将对历史产生深远的影响。作为国民经济基础的农业，如果搭上数字技术的快车，不仅能够缓解人口老龄化问题、优化资源配置，还能够提高生产效率、节约能源、保证粮食安全。未来数字农业的发展浪潮中，中国如若具备足够的条件和优势，很有可能成为全球数字农业的中心。

数字技术赋能中国农业

　　关于机器是否会替代人而导致"技术性失业"（Technological Unemployment）的争论一直存在。进入 21 世纪，老龄化成为中国社会面临的主要挑战之一，也成为影响未来经济的一个重要因素。中国社会的生产者越来越少，消费者越来越多。近几年供给短缺压力不断增大，导致了通胀率上升、储蓄减少，持续拉动中国利率水平升高。技术既可以替代人，也可以赋能人。数字农业起源于 20 世纪 80 年代的美国，它在诞生之初是为了解决农业劳动效率低和资源浪费的问题。数字技术最早在农业中的应用是气象与土壤数据的采集和分析，属于赋能人的范畴。后来，美国劳动人口不断减少，农业社区出现了严重的老龄化，技术的方向便发生了改变。

在中国农村，当前数字技术扮演的更多是赋能的角色，这是由我国农村生产结构所决定的。虽然中国正在经历高速的城市化，土地流转和规模化经营越来越多，但在未来相当长的一段时间里，中国农村经济的主体仍将是中小型农场、合作社和家庭农场。伴随农村空心化、老龄化的压力，农业生产的主力将是各地的农业服务组织和农民合作社。相比美国，我国农村劳动力相对充足，成本也低很多。但即使在数字经济中，劳动力成本、重要生产要素的价格仍然是影响经济发展模式的决定性因素。机器作为可贸易品，在套利行为的驱动下，其全球的价格和效率会日益趋同。劳动力的可贸易性相对较低，基本都是本地化服务，所以常常会产生较大的效率差异。让数字技术和人互补，实现数字人赋能自然人，发挥数字技术的规模化、网络化效应，将是中国农业未来十年的重要目标。从宏观经济的角度来说，当前美国的资本相对便宜，而中国的劳动力相对便宜。所以数字经济在美国扮演的是替代劳动力角色，在经济上对资本有利，对劳动力不利。中国的数字经济更多体现在机器与人的互补层面，在经济上对资本不利，对劳动力有利。

数字农业的微观基础

在农业1.0时代，土地和劳动力是最主要的生产要素。农业效率的提升完全依赖土地规模和劳动力水平，生产要素竞争性极强。到了农业2.0时代，技术和资本成为农业生产的新要素。农机、育种、化肥和农药等技术使得单位土地生产能力有效提升，规模农业诞生，但其生产过程对于人的依赖仍然很高，比如操作设备、勘察农情等。到了农业3.0（数字化）时代和农业4.0（智能化）时代，数据和算力会成为最重要的生产要素。这两个生产要素的竞争性相对于土地、资本和劳动力要弱，而产生的规模经济、网络效应和范围经济效应则要强很多。也就是说，数字农业带来生产效率的提升潜能要高于传统农业。

中共十九届四中全会首次提出数据是新生产要素。作为生产要素，数据对农业生产有三个层级的意义：一是与传统生产要素一样，数据质与量的提升可以提高农业产品的质量和数量；二是数据与传统要素一样，不仅本身可以参与产出分配，同时还会影响各要素之间的替代关系，进而改变技术、劳动与资本之间的收入分配关系；三是数据具有不同于传统要素的特质，这也是数字农业与传统农业区别的微观基础。以极飞科技设备产生的数据为例，目前全世界有约10万台数字化农业设备，每天产生 100T 左右的数据，这些数据在原始状态下会存储在本地设备或者云端。而一旦数据被用户使用（通常是用来作图像识别、航线规划或者数据查询等），又会产生新的数据，甚至挖掘出更高维度的信息。数据的这个特性在其他生产要素中是从未有过的，未来的"数字人"农民使用的主要生产资料，正是由这些设备产生的数据与信息。

历史上，任何人想要在农业社会获得最大的价值分配，就要抓住生产要素的分配权。到了数字时代，数据资产的分配权会成为各大利益集团争抢的核心资源。数字农业在提升生产效率的同时，也会进一步加剧市场竞争，有竞争就会有赢家和输家，从而引发贫富分化。数字经济的发展也会出现明星企业、平台和个人集聚资源、赢者通吃的问题，加大社会收入差距。这就要求政府扮演好制度的建设者和社会兜底者的角色，保证数字化竞争在一定的秩序内进行，在坚持市场分配资源的同时让大多数人，特别是普通农民也能享受到经济发展的成果。

中国农民将是数字经济的受益者

未来几年，中国农民是否会因为数字技术的应用和普及不受益反受损呢？这是过去许多学者担心的问题，现在看来，总体是利大于弊的。人们担心的问题有两个：一是技术的进步让无人化农业成为可能后，农民的工作是不是被替代了；二是数字经济时代，农民是否会失去新生产要素的分配权。第一个问题是经济学问题，第二个问题属于社会学问题。

针对农民是否会失业的问题，我们可以从以下角度来看。中国社会已经开始步入老龄化。根据国家统计局的数据，当前 55 岁以上农村超龄劳动力的占比已经超过 34%，并且每年还有约 1200 万人从农村进入城市，从生产者变为消费者。有预测说，到 2030 年，中国参与种地的农民将减少至 3000 万人以下，其中超龄劳动力占比将达到一半以上。如果以日本为参照，彼时中国农村的劳动力供给将面临严峻考验，导致粮食、蔬菜、水果等农产品价格大幅升高。在这 10 年里，数字技术和无人化技术将帮助对冲老龄化带来的压力。实际上极飞科技目前所开发的"无人农场"技术并不是用来完全取代农民的，而是将那些原来低效率的、高风险的、重复劳动的工作交由机器来完成。比如利用无人机巡田，利用无人车喷洒农药，利用自动驾驶技术让拖拉机精准行驶等，赋能农民和农业服务组织，使其更加高效地完成工作，与此同时减少对环境的污染。

针对农民是否会失去新生产要素分配权的问题，实际上中国政府在经济发展中扮演着利益分配者的角色。西部开发、环境治理、精准扶贫等带有浓郁政治色彩的工程，实际上都是政府在通过"转移支付"来平衡经济发展差距的手段。虽然我国在逐步开放农产品市场，但棉花、粮食等基本作物的种植和收购环节还是主要由国家来调配，这意味着技术和数据等新生产要素的分配权，主要掌握在政府手中。比如，农业无人机的补贴政策可以直接影响无人机技术在农村的推广速度和渗透率。

另一方面，新生产要素的特性，使得农业服务的可贸易性大大提升。原来本地化的农业服务，未来都可以通过5G、AR、VR等技术输出到其他地方。网络直播和线上旅游让消费者和农民的距离缩短，一个农民甚至可以同时管理不同纬度的农场，实现全年不间断地耕种，大幅增加收入。数字农业服务的可贸易性还会带来更多良性竞争，带来技术外溢，带来新的思维、理念和技术，使得农业经济整体效率得以提升，这也是极飞科技的使命。数字技术将使得中国农业的整体效率得以提升，产生更多经济价值，而政府可以通过对新生产要素的有效调配，来实现技术的普惠性，从而让农民受益。

中国将会成为全球数字农业的中心

中国很有可能成为全球数字农业的中心，主要条件有四个：一是全面的农村基础设施建设；二是强大的工业制造能力；三是完善的城乡供应链体系；四是国家对产业转型的支持。要发展智慧农业，首先要实现农业生产数字化，要实现数字化生产，以上这四个方面的前提缺一不可。十年内，能够满足这四个条件的国家也只有中国。

除了以上四个供给侧的条件外，消费者能力的增长也是重要驱动力。2020年在全世界都受到疫情重创的形势下，中国经济依旧实现了常态化增长。一方面体现了国家防疫体系的韧性，另一方面也展示出城市化和消费升级带来的内部增长动力。中产家庭数量不断增加，国人健康意识的提高，网红明星达人的引导和推流……这股力量将持续拉动供给侧能力的升级，不断对农产品提出质和量的需求，带动农业产业升级。据华为《联网农场》数据，2020年全球数字农业的市场规模约为1800亿人民币，中国约为200亿人民币，占比11%。从数字农业的应用领域看，2020年自动导航农机、精准牲畜饲养设备、收成检测设备和农业无人机，合计占全球数字农业市场比重达55%。按照这一趋势，数字农业的第一波浪潮会出现在数字化农业设备领域。这也意味着，能够为全世界提供这些设备的国家将是这个浪潮的制造者。

无论在发达国家还是发展中国家，农民都是对成本非常敏感的群体，农业技术和农机设备的普及在很大程度上取决于其投资回报周期。根据极飞科技的调研数据，当前发达国家农场平均规模都超过600亩，其制造的农机价格普遍高于发展中国家2～3倍，更适用于较大规模的农场和市场化的作物生产。发展中国家如中国、印度、拉美和东南亚国家等，农场规模通常小于100亩，大型农机的回报周期远高于发达国家。当前中国在IT产品、农机设备制造等领域的优势非常明显，从产品制造能力上远超印度和东南亚国家，在产品制造效率和成本上也大幅优于欧美国家。

在应用层面，中国已经成为全球最大的农业无人机应用国。2020年，中国约有1.5亿亩耕地使用了植保无人机和遥感无人机作业，占全国耕地面积的8.3%，超过日本无人机作业面积的100倍。与此同时，帮助农田提升管理效率的数字化平台也越来越普及。就像当年工业管理软件进入工厂，给制造业带来巨大效率提升一样，农业数字化管理平台的威力也在逐渐凸显。以极飞科技、华为、大禹节水、新希望等为代表的新一代中国农业科技企业，将成为推动全球数字农业技术应用和普及的主力军。

可持续的未来农场

未来十年，随着中国农村土地流转的加速和劳动人口的持续减少，越来越多的农田将通过数字技术接入全新的生产体系。最先改变的将是生产者手中的工具，无人机、无人车、自动驾驶拖拉机，以及农田物联网和数字化管理平台等，有了这些工具，农场基本就能实现"数字孪生"。这里的数字孪生是指在数字（比特）世界里面建立起一个与物理（原子）世界完全对应的数字农场模型。模型建完后，真实农场里的每个生产活动都会1∶1地呈现和记录在数字农场里。有了数字农场，就有了农业背景下的"数字人"，我们暂且称其为"数字农民"。

数字农民可以是这个真实农场里的劳动者，也可以是千里之外的远程农业专家，他们通过物联网获取农田数据，借助云计算和AI实现更科学的分析决策，再通过移动互联网来控制农田里的各种设备，实现农作物的精准管理。再进一步，随着农作物、土壤、气候数据越来越丰富，AI作物生长模拟技术的准确度也会得到大幅提升。在物理世界的农场播种前，数字农民可以在数字农场进行"演习"。这个过程就像模拟炒股一样简单，农民可以设置各种变量，尝试不同的种、药、水、肥"配方"，选择产量或者质量最高的一个组合进行"投资"。

有了数字农场，农业生产的风险将会大大降低，大量的资本和人才将进入农村，进而带来第二波增长。在这个阶段，职业化数字农民的培养将成为重要环节。就像十几年前的"蓝翔技校"们，为如今的城市建设和制造业升级带来活力一样，像极飞学院这样的新型农业技能培训组织会越来越多。与此同时，农业技术培训也将同步实现数字化。"数字人"学员们可以像打游戏一样在比特世界建立自己的农场，通过作物模型和各种数据库来模拟不同作物在不同地区的栽培方式，并且大大缩短尝试新方法、新理念的时间。随着人口压力增大和技术持续迭代，中国农业的数字化进程正在驶入快车道。未来十年，全球数字农业将蓬勃生长，很多问题都值得我们深入研究和思考，因为农业社会的变革，关系到全人类的可持续发展。

（作者系极飞科技联合创始人）

◎责任编辑：李珺

乡村建设行动亟需制定负面清单

⊙ 陆福兴

中办国办印发了《乡村建设行动实施方案》（以下简称《实施方案》），这将进一步加速我国乡村振兴建设进程。《实施方案》明确要求"防止刮风搞运动""不搞齐步走"，要"保留具有本土特色和乡土气息的乡村风貌""不搞大包大揽、强迫命令，不代替农民选择"，制定了许多原则性的负面清单，这是中央层面务实的表现。但是在实践层面推进乡村建设行动落地的过程中，还需要更加具体的负面清单，以引导乡村建设行动按照乡村发展的客观规律和各地实际循序渐进。因此，乡村建设行动推进的路径可以百花齐放，但是乡村建设行动决不能乱来，否则就会损害农民的利益，影响乡村建设行动的效果。因而制定乡村建设行动的负面清单刻不容缓。

一是乡村旅游不能"全覆盖"。当前，有些地方一搞乡村振兴就搞大开发，一搞乡村开发就上旅游项目，捕风捉影编故事，仿照城市造风景。乡村振兴成了村村搞旅游，家家建民宿，村与村之间同质竞争的"全域"乡村旅游。乡村旅游市场尽管很大，但是乡村旅游的投资也大，而且乡村旅游的投资回报慢，旅游有季节性，旅游也需要文化和特色，如果没有旅游资源硬要搞乡村旅游"全覆盖"，肯定是有旅没游（游客）。事实上，乡村旅游、一二三产业融合的空间非常有限，美丽乡村建设不可能变成持续的"美丽经济"，目前存在巨大的乡村旅游"泡沫"。旅游"全覆盖"的乡村振兴最终将是劳民伤财，而且会破坏乡村的绿水青山，这种盲目的"全覆盖"全域乡村旅游必须趁早禁止。

二是美丽乡村建设不能"天花乱坠"。美丽乡村建设是乡村振兴的重要抓手，但是美丽乡村展示的应该是乡村的自然美，而不是人工雕饰和人为扭曲的美。当前，有些地方的美丽乡村建设，把本来好好的乡村景观毁掉，在乡村栽观赏树，做假山，种名贵花草，把乡村建设得像城市花园，这种"天花乱坠"的美丽乡村，劳民伤财还损害农民利益。美丽乡村和城市公园应该各美其美，而不是乡村与城市的花园假山比美，舍本求末丢失了乡村的自然美，美丽乡村就失去了本真意义。因此，美丽乡村建设要凸显乡村的特点，要充分利用乡村的自然景观资源建设，禁止过分装饰。

三是乡村建设试点示范不能"高大上"。乡村建设试点示范是推进乡村振兴的有效途径，但是当前有些地方集中资源打造试点，用"高大上"的标准投入上亿资金打造典型创造神话，这种试点很容易脱离乡村现实，不仅不能起到典型示范作用，还会适得其反。我国当前乡村建设实际中，一个村不可能有几千万甚至上亿的投入，某些集中政府资金打造出来的典型根本不能复制。乡村振兴不能一蹴而就，不能把长期目标短期化，把系统目标碎片化，不能把持久战打成突击战，必须一步一步来，要"尊重规律、稳扎稳打"，企图依靠"高大上"脱离实际的试点带动，只能调高乡村振兴的胃口。因此，乡村建设示范村要限制政府财政过多集中投入搞政绩工程，以免造成乡村发展出现新的形式主义。

四是乡村产业发展不能"唯规模化"。乡村振兴产业是基础，产业规模化是产业现代化的基础。大国小农是中国农村的基本现实，乡村产业振兴不能为了追求规模化而忽视小农户的利益。当前，有些地方为了政绩动不动就搞"千亩产业""万亩产业"，追求大规模，搞大动作，不顾农户的意愿搞土地大集中或干涉农户自主耕种，在产业发展中急功近利，不仅造成了产业发展同质化，也增大了乡村产业发展的风险。国家政策支持必须密切关注小农户的利益，乡村振兴的政府投入要让小农户能充分受益，完善农业企业与小农户的公平分配机制，谨防"规模化"口号下的"小农户规模化运动"发生，坚守以农民为中心的社会主义共同富裕乡村建设原则。

五是乡村建设速度不能"大跃进"。乡村振兴是一个漫长的历史过程，此次《实施方案》明确要求"既尽力而为又量力而行，求好不求快，干一件成一件"。因此，乡村振兴必须遵循农业农村发展的客观规律，结合乡村现有的资源和发展条件推进，不能为了完成上级任务而层层加码，盲目冒进，超越发展规律和地方实际搞乡村振兴大跃进。当前，个别地方领导急于在乡村振兴中取得政绩，不顾实际提一些不能实现的目标，或搞一些当地不适用的大项目，盲目追求乡村振兴推进的速度，严重影响乡村振兴的有序推进。因此，乡村建设速度必须符合当地实际，让老百姓参与讨论决定，不要搞乡村建设的冒进行为，地方的乡村建设要按照国家乡村振兴战略计划，循序渐进分期推进。

六是乡风文明建设不能"一刀切"。乡风文明的多样性是我国多民族、广地域的历史积淀和现实国情决定的，各地的风土人情各有优势和缺陷，因此，企图用统一的现代城市文明样本搞乡风文明建设，"一刀切"要求各地乡风文明整齐划一，统一标准，强制推进农民移风易俗，是违背乡村发展客观规律的。这次《实施方案》明确要求"防止机械照搬城镇建设模式，打造各具特色的现代版'富春山居图'"，就是要求乡风文明建设要百花齐放，要彰显各自乡村的特色，展现乡风文明多姿多彩的中国特色。

（作者系湖南师范大学中国乡村振兴研究院副院长，教授）

◎责任编辑：李珺

"三位一体"家庭农场制度探析

⊙ 肖化柱

随着经济社会的快速发展，尤其是工业化与城镇化进程的加快，农村基本经营制度的深刻变革，农村劳动力大量转移到城市和工业部门，农业兼业化、老龄化、女性化趋势日益凸显。未来谁来种地？谁来充当现代农业的主要经营主体？这已经成为一个迫切需要解决的现实问题。世界农业发展历史表明，基于农业是一个经济再生产与自然再生产相交织的特殊产业，家庭经营对于解决其信息不对称、委托—代理、机会主义行为等诱致的农业生产效率低下问题具有独特优势。因此，迄今为止，无论发达国家还是发展中国家，家庭经营都是最普遍和有效的农业生产经营方式。为了推动农业的转型和持续发展，2013年中央一号文件也明确指出，要"创造良好的政策和法律环境，采取奖励补助等多种办法，扶持联户经营、专业大户、家庭农场发展"；2019年3月，习近平总书记在参加河南代表团审议时说："要发展多种形式农业适度规模经营，突出抓好家庭农场和农民合作社两类农业经营主体发展，支持小农户和现代农业发展有机衔接。"由此可见，创新现有农业发展制度，破解农业制度约束已经成为党和国家推动农业发展瓶颈问题的重大战略决策。

一、"三位一体"家庭农场制度的内涵

本文探讨的"三位一体"家庭农场制度是在适应我国国情和农业生产现状基础上，对农业制度进行创新所形成的规范家庭农

场运作和管理的新型农业制度。"三位一体"家庭农场制度的内涵是由我国的农业基本制度和家庭农场生产形式所决定的，是由科学家庭农场的顶层设计、完善家庭农场的功能定位、明确家庭农场的主体特征、健全家庭农场的保障体系"四个维度所构成的，其具体表现在四个方面（见图1）：（1）顶层设计的三大核心概念。体现家庭经营的体制机制优势，强调家庭农场的主要劳动力是家庭成员，适度规模经营农业生产经营项目，并以农业收入作为家庭主要收入来源。（2）家庭农场的三大主体地位。家庭农场是经营农业的生产经营主体、面向市场独立承担经营风险的市场主体、具有独立法人资格承担无限责任的法律主体。（3）家庭农场的三大功能定位。家庭农场具有经济功能，在促进区域经济发展中具有重要作用；家庭农场具有文化功能，是推进农村文化建设的实体单元；家庭农场具有社会功能，是促进农村社区建设的生力军。（4）家庭农场制度创新的三大支持保障体系。农业兼具产业属性和公益属性，是国家安全的重要基石，必须构建公共政策支持体系，促进家庭农场健康可持续发展；家庭农场的专业化生产与多种经营必须依托农业社会化服务体系的支撑；农业科技服务体系是家庭农场发展的外源动力。

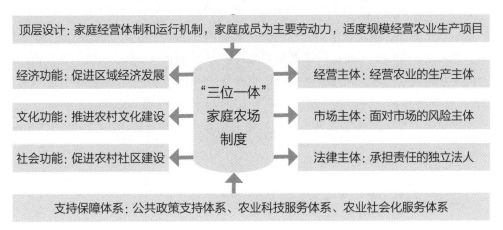

图1 "三位一体"家庭农场制度框架

二、"三位一体"家庭农场制度的构成要素

1. 经营体制和运行机制

家庭农场制度创新，必须继承和发扬联产承包责任制的体制机制优势，构建家庭经营体制和运行机制。家庭经营是以家庭为单位的经营模式，充分体现了家庭利益共同体的体制优势，家庭经营的运营管理不需要"委托－代理"成本，不

需要专职管理人员，家庭成员既是劳动者又是经营管理者，夫妻商量就能够形成经营决策，也不需要专人派工、记工、监工，能够有效提高管理效率。

2. 家庭成员为主要劳动力

家庭农场必须坚持以家庭成员为主要劳动力。一方面，人口老龄化、农民兼业化、村庄空心化的中国农村现状，对于需要大量季节性雇工的大农场，无处临时雇请足够数量的劳动力，即使雇请长期用工，也必须有专人管理，以避免劳动过程中的消极怠工和恶意破坏；另一方面，家庭成员作为劳动力资源，主人翁意识和劳动积极性都很高，同时还能充分发挥家庭成员在生产过程中的主观能动性，提高家庭农场的生产经营收益。

3. 适度规模经营农业生产项目

家庭农场首先必须经营农业生产项目，并以农业收入为家庭收入的主要来源，否则就称不上"家庭农场"。关于"适度规模"，各国经验表明，适度规模的家庭农场，是适应农业生产项目的主流模式。从中国农村家庭现状来看，一个典型家庭包括以下成员：两个上辈亲人、夫妻二人、两个未成年子女。两个上辈亲人属于半劳动力，未成年子女必须读书以完成其社会化过程，夫妻二人是主要劳动力。因此，家庭农场应考虑常年生产主要依靠 3 个家庭劳动力并有一定的季节性用工。据此，可界定家庭农场经营的适度规模。当然，大作物生产、果蔬种植、畜禽养殖、水产养殖等不同类型的家庭农场的适宜规模需要进一步的实证研究，进行具体分析与测算。

三、"三位一体"家庭农场制度的功能定位

1. 经济功能：促进区域经济发展

家庭农场是未来农业经营模式主流方向，在农业生产经营体系中具有十分重要的地位和作用，同时也是促进区域经济发展的生力军。据农业农村部预测，中国未来农业经营体系中，将稳定在 3000 万个左右的家庭农场，主要经营 18 亿亩耕地；各类农民专业合作社重点开展农业社会化服务，包括机械作业服务、病虫草害防治服务、"一站式"服务等多种形式的项目外包和社会化服务；农业产业化龙头企业重点开展规模化养殖、农产品加工、农资供应、种苗供应、产品回收、品

牌打造和质量追溯等综合性服务。家庭农场制度的功能定位，首先要明确家庭农场作为农业经营模式的主流发展方向，在区域经济发展中占有不可替代的重要地位，家庭农场所提供的初级产品是农产品加工业的重要原料，同时也是农村第三产业的重要服务对象，构成了农村第一、二、三产业融合发展的基础，形成了农村区域经济发展的动力源泉。

2. 文化功能：推进农村文化建设

农业文化的内涵包括农业实体呈现、农业习俗存续和农业哲学理念。在实体呈现方面，不但包括农业生产工具、农作物品种等，而且包括农业文学作品、农业自然景观等与农业生产相关的物质实体文化。在农业习俗方面，春种夏锄秋收冬藏以及二十四节气不仅是岁月交替和农业生产的节奏，还是农耕文化周期。这些至今广为流传的农谚俗语、具有鲜明地域特点和乡土本色的农业信仰仪式，以及春节、中秋节、端午节等民俗饮食是农业民俗文化的重要内容表现。家庭农场根植于当地的农业中，可以挖掘农村文化，结合农村的风俗文化来提供多样化的农业产品，增加家庭农场的竞争力，以创造收益。在农业哲学理念方面，可以在家庭农场内开设农业哲理展示厅、农具展示馆等，发挥农业文化的价值，使农业文化得以保护传承。

3. 社会功能：促进农村社区建设

家庭农场制度创新，必须体现家庭农场在农村社区中的主体地位，发挥其促进农村社区建设的作用。在我国人口管理体系改革中，城市社区管理体系已初步构建，农村社区在原有村民自治制度体系构架的基础上，加强农村社区建设，创新农村社区管理模式，夯实农村社区管理的资源基础，是深化农村改革的重要内容。随着新型城镇化和农业转移人口市民化进程的推进，未来中国农村的人口密度将大幅度降低，农村常住人口的主体是生产经营类、专业技能类、专业服务类新型职业农民及其子女和上辈亲人，作为家庭农场主的生产经营类新型职业农民，必将成为农村社区建设的核心和重点，也是农村社区建设的主要贡献者和直接受益者。

四、"三位一体"家庭农场制度的主体特征

1. 经营主体地位特征

家庭农场的企业化经营仍是以家庭为核心，是有组织有计划的农业生产。根

据企业原理与方法，将家庭生活和生产经营分开，并且计算生产费用，家庭生产具有协调性、连贯性、系统性。家庭农场的经营主体地位特征在于：第一，有明确的经营目标。"三位一体"农场制度要求家庭农场不再像传统农业家庭一样，以满足个体消费需求为目标而进行农业生产，而是为了满足市场需求而组织农业生产。第二，有适需的生产导向。家庭农场作为经营主体，其主要业务是农业生产，而其生产必须要有明确的市场导向性，通过生产适应市场需求的农产品创造利润。第三，有完善的规章制度。家庭农场作为企业来进行运营，必须有合乎组织发展的目标规范。规章制度是家庭农场管理的需要，管理的作用在于监督和控制，而控制必须要借助于制度。第四，有合理的融资方案。实现家庭农场的规模化生产经营，不仅取得流转土地经营权需要投资，而且大面积生产消耗的农业生产要素也需要投资，因此家庭农场经营者必须要有明确的融资计划。第五，有简约的财税账目。家庭农场不同于传统家庭生产，需要进行账务处理，核算经营成果并履行纳税义务。但是，家庭农场又不同于企业，家庭农场资产、人员少，不适合过于复杂的账务系统，因此家庭农场应有简约的财税账目。

2. 市场主体地位特征

家庭农场相对于传统家庭分散种植的重要区别在于，家庭农场的农业产品必须是面向市场而不是满足于家庭消费。因此，家庭农场应建立自己的营销体系、销售渠道及销售计划，在市场中作为完整的市场主体进行农产品市场交易行为。家庭农场的市场主体地位特征在于：第一，有自己的商标。为了在激烈的市场竞争中，赢得一席之地，家庭农场除了要有可靠的产品外，还需要有自己的商标。家庭农场的商标可以提升家庭农场的市场知名度，使得家庭农场可以针对性地制定营销策略，促进家庭农场产品销售。第二，有自己的包装。家庭农场产品往往有着地区特色、特殊工艺及优质绿色无公害特性，非常希望进入销量大、价格高的销售渠道。而进入这些销售渠道对农业产品的包装要求较高，因此家庭农场要有自己的包装。第三，有自己的定价机制。家庭农场的农业生产是以市场为导向的，家庭农场的产品要在市场上进行出售，而出售农业产品必须对其定价，因此家庭农场要有自己的定价机制。第四，有自己的产品销售渠道。家庭农场所生产的产品只有通过市场交换，才能到达消费者手中，才能实现价值和使用价值，因此家庭农场必须要考虑通过什么样的渠道把产品销售给消费者。

3. 法律主体地位特征

家庭农场不同于传统分散种植的家庭生产，因为家庭农场是独立的法人。家庭农场作为法人既享有法律规定的权利，也必须履行法律规定的义务。家庭农场的法律主体地位获得必须经过法律规定的程序、符合设立家庭农场的要求才能被批准设立、登记注册。家庭农场的法律主体地位特征主要体现在：第一，设立符合法律要求，具备法律规定的设立条件。家庭农场必须具有一定规模的经营用地，且所经营的土地要集中连片；家庭农场设立期限必须足够长，要求土地的流转时间至少 10 年。第二，家庭农场要通过认定，并且进行注册登记。家庭农场的法律主体地位得以保证的关键在于家庭农场的注册登记。只有经过登记注册的家庭农场才能享受到国家的政策优惠，才能以家庭农场组织形式从事农业生产经营活动。第三，家庭农场经营依法履行权利并承担义务。经过认证登记的家庭农场，以所登记的家庭农场名称进行农业生产及销售，依法享受法律规定的权利，如自主经营权、商标权等，另外，还享受各种政策优惠和财政补贴，并履行法律规定的义务，比如依法纳税、保证产品质量、债务人义务等。

五、"三位一体"家庭农场制度的支持保障体系

1. 构建完整的公共政策支持体系

家庭农场制度是联产承包责任制的继承与发扬，是现代农业的重要经营组织形式，必须依赖公共政策支持体系的合理设计和执行落实，为家庭农场制度创新提供良好的公共政策环境。第一，基于生态服务功能的公共政策支持。家庭农场主要从事粮食、果树、蔬菜种植，以及家禽与水产养殖，不管是种植业还是养殖业，对生态环境要求较高。因此，政府应该加大生态治理和保护力度，为家庭农场创新经营创造条件。第二，农村金融服务支持。家庭农场建设和经营需要大量的资金投入，因此要完善农村金融服务体系，促进家庭农场的制度创新和发展。一方面，进一步推进农村金融机构改革；另一方面，要丰富农村金融产品品种和提升农村金融服务质量。第三，土地流转政策支持。家庭农场制度的推行，只有完善的土地流转政策支持，才能保证家庭农场的适度经营规模。第四，农业补贴政策支持。公共财政对家庭农场制度的支持，主要是基于 WTO 农业补贴政策框架范围内的"绿箱政策"和"蓝箱政策"。另外，公共财政对家庭农场制度的支持，可以通过免税政策、信贷贴息等落实。

2. 加快完善农业科技服务体系

近年来，国家一直高度重视农业发展，逐步建立了政府、农业院校、科研院所、经营主体等多元主体协同运作的农业科技服务体系。第一，政府参与和购买服务。在农业行政部门内部设置的职能机构中，这些内设机构既有从事农业行政管理的义务，同时也是农业科技服务的直接参与者。第二，农业院校参与机制。人力资源开发是农业科技服务的最基本的动力源泉，农业院校的多层次多途径人才培养能够为农业科技服务提供了强劲的人力资源支撑。第三，科研院所参与机制。农业科研院所主要通过为农业生产提供新品种、新技术、新工艺等，而提高农业生产力和生产效率。第四，经营主体参与机制。农业企业参与经营能够为农业规模化生产形成榜样示范和典型引路作用，为其他农业经营主体提供服务；农民专业合作社不仅形成了自身盈利机制，同时在为其他农业经营主体提供项目外包、技术服务、资金服务等，是一种全新的农业科技服务参与主体；家庭农场和专业大户，由于它们具有较大的经营规模，具有引进新品种、新技术、新工艺的驱动力和积极性，成为农业技术推广过程中的先行者，同时起着典型引路和榜样示范作用。

3. 加快建设农业社会化服务体系

近年来，随着农民专业合作社的迅速发展，家庭农场的产前、产中、产后服务正在迅速推进社会化服务进程，农业产业化龙头企业自身也不断拓展业务范围，为家庭农场制度创新提供了良好机遇。第一，加快培育农业产业化龙头企业。其服务主要包括：产前提供种苗供应及农业生产资料方面的服务；产中提供农业技术帮扶、生产过程管理和指导等方面的服务；产后提供农产品初加工和市场营销等方面的服务。第二，大力发展农民专业合作社。农民专业合作社可以为家庭农场提供技术支持并结成销售联盟，促进家庭农场的经营和产品销售，因此加快农村合作经济组织建设对家庭农场的发展有极大的促进作用。市县乡要分别依托当地供销社，建立起农村合作经济组织协会。各级协会成立后，供销社要积极承担起组织、指导、协调、服务、管理和规范各类农村合作经济组织的功能，并做好有关问题的协调和服务。政府各职能部门要密切配合，大力扶持家庭农场的发展。第三，积极建立政府向各类农业服务组织购买服务的制度。由于农业兼具产业属性与公益属性。这就决定了农业的发展必须大力依靠政府的补贴和公共财政的支持。因此，建立政府向各类农业服务组织购买服务的制度，一方面促进农业社会化服务体系的健康发展，另一方面为家庭农场发展提供全面、优质、高效、实惠的服务。

六、结语

　　"三位一体"的家庭农场制度创新模式只是一个理论框架，离可操作的政策尚有差距。本文所探讨的"三位一体"家庭农场制度，是基于目前家庭农场发展现状与实现的可能性和可操作性的基本范式。一方面，这种基本范式有待进一步细化和完善，另一方面，其也存在与时俱进地改善和优化的问题。制度创新不是一朝一夕能够解决问题的，深化农村改革需要汇聚多学科协同的创新动力，激活农业农村发展活力，从理论依据、运营模式、实施策略、政策建议等领域进行系统研究，更需要广大农业科技工作者和家庭农场实践者的经验积累，共同推进家庭农场制度创新。

　　（作者系湖南农业大学副教授，博士生导师）

◎责任编辑：汪义力

对县域涉农金融机构支持新型农业经营主体的思考

⊙ 叶国全

习近平总书记在十九届中央政治局第八次集体学习时指出："当前和今后一个时期，要突出抓好农民合作社和家庭农场两类农业经营主体发展，赋予双层经营体制新的内涵，不断提高农业经营效率。"发展多种形式适度规模经营，培育新型农业经营主体，是增加农民收入、提高农业竞争力的有效途径，是建设现代农业的前进方向和必由之路。金融是现代经济的核心，作为服务"三农"发展主力军的县（市）域涉农金融机构（农业发展银行、农业银行、邮政储蓄银行、农村信用社、农村商业银行、农村合作银行），在"双循环"新发展格局下，如何提高政治站位，扎实做好新型农业经营主体金融服务，培育发展新型农业经营主体，为巩固拓展脱贫攻坚成果、助力乡村全面振兴和农业农村现代化贡献金融力量？笔者认为，县（市）域涉农金融机构支持新型农业经营主体发展须从以下方面着力：

加大信贷投入。家庭农场、农民合作社、农业社会化服务组织等各类新型农业经营主体已逐步成为保障农民稳定增收、农产品有效供给、农业转型升级的重要力量。县（市）域涉农金融机构要按照党中央、国务院决策部署，认真贯彻落实农业农村部印发的《新型农业经营主体和服务主体高质量发展规划（2020—2022年）》，以及人民银行、中央农办、农业农村部、财政部、银保监会和证监会发布的《关于金融支持新型农业经营主体发展的意见》，充分认识"双循环"新发展格局下做好新型农业经营主体金融服务的重要意义，坚决扛起支持农业经营主体发展的政治责任，全力以赴做好各项金融服务工作，让更多的金融"活水"精准灌溉新型农业经营主体，助力乡村全面振兴和农业农村现代化。一要做好客户培育发展工作。县（市）域涉农金融机构要根据当地资源禀赋、产业现状和发展需要，充分发挥自身优势，重点培育一批有规模、有品牌、有信誉的产业化龙头企业和集体经济、专业合作社、家庭农场、种养殖大户等新主体。在信贷支持力度加大的同时，要积极开展新型农业经营主体"首贷"、无还本续贷业务，积极发放农户小额信用贷款、普惠小微信用贷款，推广"一次授信、随用随贷、随借随还、循环使用"等小额信贷模式，加大中长期贷款投放力度，大力推广线上融资产品，开通线上获贷渠道，让新型农业经营主体轻松获得贷款。二要加强银担合作。根据农业农村部《关于开展新型农业经营主体信贷直通车活动的通知》精神，涉农金融机构要加强省级农担公司合作，打造"经营主体直报需求、农担公司提供担保、银行信贷支持"的直通车模式，破解新型农业经营主体"融资难、融资贵"问题。三要给予优惠的贷款利率。对新型农业经营主体贷款要给予优惠利率，原则上应低于本机构同类同档次贷款利率平均水平；要摒弃过去贷款"春放秋收冬不贷"的做法，按照农机作业特点、农业生产经营周期等合理确定贷款期限和还款方式；对新型农业经营主体贷款的最高额度要根据借款人生产经营状况、偿债能力、还款来源、贷款真实需求、信用状况、担保方式等因素合理确定。四要对暂时受困的家庭农场等农业经营主体不盲目抽贷、断贷、压贷，支持农业经营主体战胜困难，顺利渡过难关。对受疫情或洪涝灾害影响严重、不能按时还贷的农业经营主体，实施不催收催缴、不视同违约、不罚息、不计复利、不计入征信系统、不影响借款人继续在该行获得其他信贷支持的"六不"保护政策，主动为家庭农场等农业经营主体办理贷款展期、延期手续。五要减费让利，规范收费。建议免收在本行 ATM 机上取款、查询手续费；不得向家庭农场等农业经营主体收取资金管理费、贷款承诺费、财务顾问费、咨询费等费用，不得搭售理财产品或附加其他变相提高融资成本的条件。六要改善农村支付服务环境，发展银行卡助农取款服务；充分运用手机银行、电子银行等离柜手段，满足客户线上申请、贷款、还款、转账、缴费、投资理财、保险业务咨询及办理等金融服务。七要提高办贷质效。要下放贷款审批权限，简化信贷审批手续，优化办贷流程，提升办贷效率，强化精准服务，特事特办，急事急办，"线下＋线上"齐发力，以优质的金融服务促进新型农业经营主体高质量发展。此外，要将支持新型农业经营主体工作纳入涉农金融机构和领导班子绩效考核，并将金融服务新型农业经营主体的情况纳入涉农金融机构服务乡村振兴考核评估，以提高涉农金融机构支持新型农业经营主体发展的积极性，实现"双循环"新发展格局下金融业务发展稳中创"优"。

加快金融创新。创新是引领发展的第一动力。为解决新型农业经营主体贷款难、贷款慢、贷款贵问题，县（市）域涉农金融机构要不断创新金融产品和服务。一要创新专属金融产品。要根据当地新型农业经营主体信贷需求、管理能力、风险偏好和生产特点，创新推出新型农业经营主体贷得到、贷得起、贷得快的信贷产品，以及免抵押、免担保、低利率、可持续的普惠金融产品，探索开展粮食生产规模经营主体营销贷款创新产品，不断丰富融资"工具箱"，充分满足新型农业经营主体融资需求。二要拓宽新型农业经营主体抵押质押物范围。要积极推广农村承包土地的经营权抵押贷款和蔬菜大棚抵押、现金流抵押、林权抵押、应收账款质押贷款等金融产品，支持农机具和大棚设施、活体畜禽、养殖圈舍，以及农业商标、保单等依法合规抵押质押融资，创新订单、仓单、存货、应收账款融资等供应链金融产品。三要积极开展"农银保"贷款业务，即由农业农村部门向涉农金融机构推荐发展前景好、信贷需求强、信用记录好的新型农业经营主体名单，涉农金融机构向符合条件的经营主体放款，保险公司为贷款提供保证保险。四要积极推广种植大户、家庭农场、农民合作社等新型农业经营主体多户联保业务，突破融资担保瓶颈。五要围绕财政直补资金，创新"直补保+农户+信贷"等担保方式，着力缓解部分农户由于抵押物不足引起的贷款难问题。六要探索"公司+农户""农村合作社+农户"等规模化、产业化农村信贷模式，加快推进供应链融资在农村的全面推广。七要着力推进农村金融服务基础设施建设，确保新增金融设施优先用于农村；大力推广"惠农e付"聚合支付码，着力推动掌银、网银、手机银行等电子产品"下乡进村"，让农民足不出村就可享受到便捷的金融服务。

管控信贷风险。县（市）域涉农金融机构要在支持新型农业经营主体发展中既大胆地加大信贷资金投放力度，又牢牢守住风险底线。一要处理好数量与质量的关系。涉农金融机构在支持新型农业经营主体发展中，要坚持把提升发展质量和效益放在首位，杜绝"要数量不要质量"的盲目发展观和政绩观，不能贪大求全盲目跟风，不能盲目求政绩、垒大户，不以放松风险管理为代价，不脱离风险管理实际盲目扩张，不单纯"抢规模""争收益"，要追求有质量和效益的速度，坚持风险控制的底线不动摇，真心实意地为新型农业经营主体做好金融服务工作。二要处理好信贷支持与风险管控的关系。要坚持贷款"三查"制度，做实做细贷前调查、贷时审查工作。贷款发放前，要求客户经理上门了解借款人家庭收入水平、信用状况、经济能力、有无不良嗜好、借款用途真实性等内容。贷款发放后，要规范贷后检查内容，细分贷后检查重点、方式和频度，提高检查的针对性和实效性，确保贷后检查不走过场，有效管控信贷风险，确保业务发展速度与风险管理水平协调一致，确保新型农业经营主体所获贷款资金主要用于生产经营。三要深化银保合作，助推新型农业经营主体发展。积极稳妥开展贷款保证保险业务，建立和完善新型农业经营主体的投保制度，积极发展农村财险业务。四要廉洁办贷。要求银行客户经理不得接受借款人的宴请、旅游、高消费娱乐（健身）等活动，不得收受借款人赠送的任何纪念品、购物卡、美容卡、高档烟酒、有价证券和土特产品等，不得对借款人进行"包装和美容"，不得制造虚假银行流水信息和企业交易合同信息，依法、廉洁、合规办理每笔贷款业务，坚决消除贷款风险隐患。五要加大贷款业务检查力度，督促推动问题整改到位；加大权力运行监督，让"内鬼""蛀虫"无处藏身。此外，要充分发挥人民法院的职能作用，深化银法联动协作，维护金融合法权益，确保金融机构健康持续发展。

（作者单位：中国农业银行江西龙南市支行）

◎责任编辑：李珺

农村万象

县城里的公务员

⊙ 操风琴

公务员作为一种职业，有其必须承担的社会责任，国家社会管理永远也离不开公务员。公务员也就必然成为一部分人一生的职业，成为这部分人的人生。公务员是职业、是人生，就会有酸甜苦辣，五味杂陈。

小县城的公务员更是如此。

中国最庞大的公务员群众在哪里？答案两个字：县城！

县城一头连着乡镇村，一头连着市城、省城。县城是国家行政管理体系这个庞然大物的神经末梢。

乡下人到县上办事，称为"进城"；县城人到乡下办事，称为"下乡"。但是在省城和市城人眼里，所谓县城，仍是乡下。

当然，有人称，县城是加强版、升级版的乡村，也是压缩版、删减版的城市。

一县虽小，五脏俱全，除了国防和外交，一个国家的所有职能，它几乎都具备。

不要忽视乡镇公务员，他们多为县城和乡下"两栖"类，也叫走读式干部：时不时地要"进城"开会，较大部分把家安在县城，家属也在县城就业、上学。所以这里，不论工作地点在县在乡，就简单笼统地将其划入县城公务员的范畴。

能干的镇长科长到省里大机关当个处长，工作可能很快就能上手，而大机关的处长，空降到县里当镇长、当科局长，未必就能把工作干好。

小家和老家：两头兼顾，一肩挑起

县委书记和县长统率下的县城公务员大军，按来源分，有军人转业、大中专毕业分配、教师等技术人员改行、城镇户口招干或转干等。直到近年来按《公务员法》实行的"逢进必考"，基本上斩断了几十年来"龙生龙、凤生凤、老鼠的儿子打地洞"的公职世家的路子。

按出身划分，县城公务员中，官二代占小部分比例，他们的父母原本就在县城的党政机关事业单位工作，有父辈多年经营搭建的人脉，他们的职场上升空间相对较大，生活比较优越，幸福指数较高。

第二个群体是富二代，父辈经商办企业，家里不指望他赚什么钱，就是希望他职业稳定体面，给门楣增光。富二代的政治条件虽不如官二代，但是经济基础更好。

县城公务员中，占大头的是第三种人：平民二代。他们一般从小就很懂事，刻苦学习考上大中专院校分配或者考编，才成为县城公务员大军中的一员。他们满载着父母和家族的期望，像一根根黄杨扁担，一头挑着县城里的小家，一头挑着几十里之外的乡下老家。

要时刻保持与人民群众的血肉联系？这太容易了！逢年过节走亲戚、婚丧嫁娶喝杯酒，三姑六婶七舅八姨家就能跑个遍，血肉联系就做到了。

大多数公务员，还是想"做点事"的，也希望能靠踏踏实实工作来获得提拔和重用。"五加二""白加黑"的辛苦换来县里一座座高楼拔地而起，一条条大道笔直伸向远方，心里是有成就感的。

但在现实面前，他们又有很强的无力感，很矛盾：事业上，上升空间逼仄，工作上，压力大，基层的事原本就多，还要层层加码，层层下压，许多公务员不仅要完成本职工作，还要脱贫攻坚、招商引资等。跑贫困户，比跑爹妈家还勤快，陪上访户，比陪女朋友还殷勤。

工作如此辛苦，但工资并不高，家庭开支又大：要养育孩子（甚至二胎）、要供房贷、要赡养父母，还有必不可少的人情应酬往来。如果夫妻是双职工，很难撑起较为体面的生活。

除了小家，他们还承载着大家庭的厚望、乡亲们的请托。县城是人情社会，信奉"有人好办事"，哪怕是按程序可以合法办事，也要找个熟人"打个招呼"，否则总感觉不踏实、不放心。

所以，在县城"做官"的公务员，就成了亲戚朋友们五花八门请托的重点对象。打架斗殴的、车子被查扣的、打官司离婚的、要债的……在亲友眼里，他们很有权，"说句话就行"。

县城公务员往往陷入亲友们的羡慕里而不能自拔，哪怕自己在单位里很苦逼。

在县城，公务员，尤其是出身农村的公务员，是一个家庭乃至一个村庄的荣耀。家人或乡亲与人聊天时，往往很自豪地说："我家（或我们村）某某在县城哪儿哪儿当官，风光得很哪！"他们的职务也往往被自豪的乡亲们擅自提了几级。

可乡亲们往往并不知道，事情是要依法依规办理的，有人情有面子也不行。所以县城公务员费尽周折，请托的很多事依然还是办不了。有位教育局局长，每到中考成绩揭晓，学生升学的那十来天，就关掉手机玩失踪，因为"请托的压力太大"。

人情社会人情难处，县城里的"公家人"生活品质不高。不像大城市里，人际关系清晰、简单。

即便如此，他们中依然很少有人肯辞职离开体制，很少愿换种活法。除了职业安全感，也是因为荣誉感。

荣誉感，也就是面子，是支撑县城公务员工作和生活的精神支柱。或者说，家族的荣誉、社会的尊崇，是公务员的一笔巨大的无形收入。

在中国，为什么县一级的办公大楼普遍盖得比较豪华气派呢？很大一个原因：需要仪式感。公务员们很迷恋这种感觉，哪怕人生再苦闷，在这里上班，那种感觉，就出来了。

奋斗和坚持：酸甜苦辣，自在人心

县城有县城的特色，生活的压力比北上广深一线城市和大部分的二线城市要小得多。离家不远、房价不贵，假日可陪父母，晚上可小家团圆，在外人看来是惬意的。但你真正当了小县城的公务员，心中的酸楚难以言说——一把心辛酸泪，谁解其中味？

小县城的公务员人生发展的空间是狭窄的。无论你上学时是一种怎样的状态，一旦进入小县城公务员的序列，要冲出重围难之又难，加上受小县城环境的影响、压力的减缓，一个人的生活奋斗的动力会大大减弱，大多数人一生也就定格在这一人生的道路上了。

对于人生要求不高、知足常乐的人，小县城公务员也不失为一个良好的人生选择和归宿。对于有些具有较高生活追求的人，小县城公务员的人生就多了份苦涩，这是心比天高、命比纸薄者的人一生的心境，不仅仅是小县城的公务员的心理状态。

县城本是一个熟人社会。在县城工作几年甚至一辈子，小小的县城——甚至一个县都会因各种复杂的血缘、乡情、婚姻、同学、同事和其他各种因素而把你织进这张关系网、人情网。

因此，小县城的公务员在自己生活的方方面面可能会因熟人在办事上方便了许多，孩子上学、父母就医都会得到很多便利。这也是县城的其他人羡慕和嫉妒的地方。

有利就会有弊。

因为在熟人圈子里工作生活，工作中就需要注意处理好工作与人情、亲情的关系，家乡的亲戚、朋友找上门，找小县城的公务员办事，合理的、合法的，不合理的、不合法的，都会遇到。这对小县城的公务员是个考验，如何既帮亲戚、朋友、熟人把能办的事办了，让他们满意，又不触法纪的底线和红线，着实是一件很费心的事。如何寻找其中的平衡点，作好解释、取得谅解，需要小县城的公务员付出更多的努力和心血。

过去人们对机关的印象，一杯清茶，一张报纸，整日接待喝酒陪玩的现象已基本绝迹。取而代之的是几乎没有假日的忙不完的事务，特别是那些与老百姓利益直接相关的部门，更是忙得不可开交。

县级公务员的工作没有多少决策权，更多的是落实、服务，面对的是群众。群众认识、了解党和政府的政策就是通过这些公务员，所以公务员的一言一行都关系整个党和政府的形象。至于能否顺利晋升，职务上达到人生所追求的理想境界，与之相关的因素很多，环境、机遇、条件，可以说，可以努力、奋斗，但不可强求，始终保持一颗平常心，方能工作得顺心、生活得舒心，少些烦恼，多些自在。

权力和责任：是"笼中鸟"，也是"池中鱼"

除了晋升压力，由于责、权、利不相称，基层公务员在工作中承受的压力也很大。

面对工作中的难题，他们是没有退路的。出了问题，中央可以往下督查问责，省一级可以批示交办市一级，市委书记和市长可以骂县级干部，再往下，就是最后一公里了，到墙角了，县城公务员没什么人可骂了。

骂村主任、村支部书记？村主任是村民选出来的集体自治组织负责人，严格说起来，不算公职人员，村书记也不是行政任命的。你骂人家，人家可以不搭理你。为了今后工作的开展，还得与村干部搞好关系。

县城公务员无人可骂，也不能往下批示，只能自己迎难而上。

曾有一极端例子：某县有著名温泉，分管旅游的副县长，要陪一拨拨工作检查组或客商来体验，最多的一天，他陪着泡了十几次温泉，洗了十几遍澡。外人看来是享受，其实苦不堪言。不是"难言之隐一洗了之"，而是洗成了难言之隐。

对权力的憧憬与敬畏是当代社会的群体意识，在这个大背景下，县城公务员们有着或深或浅的光宗耀祖情结和优越感，是可以理解的。

这两种情结交织在一起，导致县城公务员很少像一二线城市的公职人员那样敢辞职，池中鱼不愿入江河，笼中鸟不肯入山林。

弱势和强势：不同脸面，显示差别

在老百姓看来，县城里的"公家人"是让人羡慕的，但他们可能并不清楚，县城各单位也是分三六九等的：党政机关优于事业单位，事业单位优于国企，烟草、电力、银行等国字头企业除外。

而党政机关内部又有强势部门和弱势部门之分。在不同的部门工作，政治待遇、发展空间和经济收入，相差很大。

管人的部门最强势，如：县委办、县政府办、组织部、纪检委、公检法。在这里工作，优越感最强。

其次是管钱的部门，如：发改委、财政局、税务局。

然后是管理"人头"多的部门，如：卫生局、教育局，在这些单位上班，虽然政治优越感差些，但是实权派。

最差的是群团部门，只务虚，如：文明办、县志办、对台办、妇联、文联、残联、档案局、科协……

务虚的这些部门，政治和经济上都不占优势，公务员们一般不青睐。但有一种情况例外：有实权的强势大领导，如果明智，一般倾向于让配偶去这类"清水衙门"工作，夫人在这里上上班，收入虽不高，但活儿不重，低调不干政，挺好。

不同部门的两名公务员同时走出县委大院，不用介绍，看脸上的表情和走路姿势，就能分辨出谁是组织部的，谁是档案局的。

仰视和俯视：平视自己，才最真实

县城公务员的跨单位流动性普遍不大，有点背景的公务员，在父辈的经营下，流动的机会稍多点，或者能在更高的平台上获得重用。更多的公务员，可能一辈子就待在一个单位，在同一间办公室里工作二三十年，退休前调个非领导职务的副主任科员或者主任科员，就是"功德圆满"。

但三十年河东，三十年河西，甘蔗没有两头甜，反腐败高压态势下，强势部门同时也成了高危部门。常在河边走，哪能不湿鞋？既然湿了鞋，何不洗洗脚？既然洗了脚，干脆洗个澡。风险太大，而任务又比以前重，问责比以前严。

国土、规划、交通、城建这些重要部门，以前是大家抢着谋个位子，但现在，组织部把全县合乎条件的人选扒拉个遍，也很难谋到合适的人。高风险部门的一把手们更愿意到县人大、政协谋个闲职，不求有功，但求无过，工资一样，工作压力那可是轻多了。

但事情总归得有人干。

拆迁、扶贫、治污、招商、民生、城市建设……样样硬指标，样样要考核，基层公务员，没有退路。

日复一日，他们在县里做着公务员，既体面、又苦闷，既辛苦、又迷茫，抬头自卑、低头自得，依然像一根根黄杨扁担，一头连着过去，一头接着未来，一头担着小家，一头挑着这个国家的最后一公里。

县城里的公务员，我的兄弟姐妹，我想说：无论人生走到哪一层台阶，台下有人在仰望你，阶上也有人在俯视你。可能平视，才能看见真正的自己。

（作者系安徽安庆人，军人后代，毕业于中国人民大学国际政治系，现供职新华社，曾任新华社驻中东记者）

◎责任编辑：李珊珊

父亲的故乡离我很近又离我很远
——赴衡阳县返乡随笔

⊙ 陈重黎

暑期开始放假，陪着父亲返回故乡。在父亲的话语里，故乡就是心灵安放的地方。

回故乡必然要路过三湖镇，而三湖镇是父亲曾担任镇长、镇党委书记数年之久的地方，是父亲激情燃烧的地方。此次故地重游，重返阔别已久的三湖镇，父亲受到了热情接待。现任镇党委书记是父亲离任后的第四任书记，特地从县城赶回来迎接，热情介绍了三湖镇政府的发展情况。

父亲说他是 2005 年离开这里的，随后，三湖镇发生了翻天覆地的变化。我们在书记的陪同下参观了全面装修和改造了的办公大楼、食堂，当走进办公室和会议室时，父亲当年留下的"深入最落后的村组，帮助最贫困的农户，团结最广大的群众，解决最迫切的问题"等标语仍然挂在墙上。我在想，17 年过去了，书记换 4 个，父亲当年的精神追求仍然在这里薪火相传。只是我小学时每年暑假在这里的时光记忆已经模糊，尽管钓鱼的池塘还在，而当年游玩的伙伴已经难以相识相聚，如同断线的风筝，时光记忆离我越来越远。

故乡衡阳县有不少历史名人，在三湖镇吃中饭前后，父亲带领我们去了王船山、彭玉麟、琼瑶的旧居。其中琼瑶的祖屋大门紧锁，内部情况不明。彭玉麟故居只修到一半，工程已经停工，故居内杂草丛生，门可罗雀。王船山故居内有工作人员管理，但冷冷清清，周边民宿、荷花园没有什么游客。这三位名人代表着相当一批名人故居的尴尬处境，"名人"烟火气在大众之中知名度不显，当地政府没有大力宣传，广大民众只知其人，不知其出身，也不知其事迹，自然没人对其感兴趣。名人故居文化内容匮乏，大多只是搭建几栋仿古的房屋，游客无景可看。注重传统、文化、历史一直被国家和社会所提倡，在广大农村地区，为了响应这一号召，修建名人故居变成了时尚。名人故里的意义不仅在于文化宣传，更是为了带领经济发展为当地财政创造收益。而大量名人故居由于经营不善，成了一座座空壳子，成为当地的财政负担，当地政府拆也不是，继续运营也不是，陷入两难的境地。

王船山作为大思想家、近代唯物思想的奠基者，被列入高中历史教科书，可以说得上家喻户晓。其故居周围配有青少年训练基地、荷花池民宿，作为设施最为完善的故居却鲜有游人到访。王船山所留给社会最为宝贵的是其思想与文化，当地政府应从文化方面入手，通过与王船山极具渊源的岳麓书院合作，展开王船山思想和中国传统文化的学习，打响王船山思想文化的品牌。只有先扩展其思想，让社会对其了解不仅仅在于一个名字或头衔，游客才会对其故居感兴趣。

彭玉麟作为在晚清时代名声不凡的现代海军创始人，但在当今大众之中却鲜为人知，绝大多数的人说不出所谓湘军除了曾国藩还有哪些人。如今彭玉麟故居工程大部分只建成一半便已停工。作为一个湘军将领，当地没有从彭玉麟生平中找到足够吸引人的事迹进行宣传，这就造成了"名人有名但却不够有名"的现象，地方政府草率地大建特建，这就造成了财政浪费。名人故居并不是一定要有，在建造名人故居之前应该仔细考量。

有些地方为了找名人近乎掘地三尺，以琼瑶故里为例，琼瑶作为一个台湾作者，作品为女性向商业小说为主，虽然其作品翻拍过电视剧红火一时，但是琼瑶作为一个商业通俗文学作家能否与众多拥有重大历史意义的思想家和军事家拥有同等地位修建故居受人质疑。况且琼瑶作品中的价值观一直受人争议，被人认为是扭曲、有违社会主流的，花巨资修建其故里又是为了弘扬哪种文化？传播了哪种精神？这种故里一建成就陷入尴尬处境。

名人故居乱建的背后是地方财政规划的混乱，名人故居不仅仅是建一栋房子那么简单，应该还有相应的文化宣传、广告投入、日常维护、人事管理等，以此形成一条完整的有效机制。因此，文化建设任重道远，绝不可一蹴而就，地方政府在名人故居建设上应谨慎、耐心，既要注重名人故居的社会影响力，也要防止名人故居成为某个领导一拍桌子就搞出的"花瓶"。中华上下五千年历史中，所谓名人举不胜举，是不是所有人都要修建故居呢？对于故居应该要少建、慎建、慢建，胡乱修建故居是对政府财政以及社会资源的浪费。

看完名人故居后，父亲和我们回到故乡兰田村。这里是一个大山深处的偏僻的村庄，一山之隔的那边就是双峰县曾国藩故里，离双峰县的县城很近，离衡阳县的县城很远。父亲离开家乡的时候，乡村的路是土路，房子是泥土房，村里耕地靠牛。经过十多年发展，家乡已经发生了翻天覆地的变化，水泥路修到了每一户家门口，村里的房子都变成了红砖房，有了电器、互联网，外出去打工的人回家修建了一栋栋乡间别墅，村委会也修建了一栋崭新的办公楼。由于和上面的泉水村合并，现在叫兰泉村。父亲至今仍然称自己为兰田村人，对村庄的合并后村名的变更常常气愤不已。

父亲和我们在祖屋举行了一个庄重的仪式，就是在堂屋正中摆上一张方桌，放上三个菜，点上线香和蜡烛，烧上纸钱，在祖宗神灵前祝贺父亲三哥的儿子被录取为博士研究生。我的三伯父三年前因病去世，生前托付父亲就是希望儿子能够考取博士研究生，父亲举行这样的仪式就是告慰他三哥的在天之灵。

这个村子离我很近，又离我很远。离我很近是我出生在家乡的乡医院，经常陪同父亲回村子看望爷爷、奶奶，在这里过了几个春节，还在这里度过一个月暑假，在小河里抓过螃蟹、捉过小虾。特别是在这里与玩伴学会了打架，以至于后来读书时始终立于不败之地。在奶奶去世前，我即将出国留学，和父亲共同为奶奶洗脚，作为临行前的告别，也从此看不到奶奶了。对于我来说，因为这是父亲的家乡，是父亲的母亲。离我很远是我的学习、我的生活、我的成长与这里越来越没有更多的联系，对这里的山、这里的水、这里的人越来越陌生，就是做梦也没有梦到这里。这是多么复杂的一种情感，或许如父亲所说，当我到他现在的年龄，就会有一样的寻根情节。父亲说他当年努力地逃离这个村子，现在却常常眷恋故园。

当我到了父亲现在的年龄，会不会有父亲一样的情节？我想，这是一个哲学命题，或许只有岁月的年轮才能作答。

（作者系英国格拉斯哥大学艺术学院硕士研究生）

◎责任编辑：李珊珊

前沿报导

北移的种植带

⊙ 刘强

2021 年 10 月，正值黑龙江省粮食大面积收获的时节，黑河市780.9 万亩玉米开始陆续收割，其中靠南部的 70 万亩不但提前收获，亩产 1400 斤的平均产量还创造了当地玉米产量的新纪录。

收割机撒欢跑，大马力拖拉机紧随其后，秸秆翻埋同时进行。在黑河市爱辉区嘉兴现代农机专业合作社，2.2 万亩标准化种植的玉米抢收作业协同推进。玉米色泽金黄、籽粒饱满，不但产量高，品质也好于往年。

爱辉区四嘉子乡大乌斯力村农民刘明德告诉记者，他在 2021年承包了 30 多垧（1 垧为 10 亩）地，全程托管给合作社，种植补贴还有倒茬补贴都给种地农民了。2021 年年头也比较好，总体来说，每垧地净收入能达到四五千元。

1935 年，我国地理学家胡焕庸提出瑗珲—腾冲线，即著名的胡焕庸线，首次揭示了中国人口分布规律。即自黑龙江瑗珲至云南腾冲画一条直线（约为 45°），线东南半壁 36% 的土地供养了全国 96% 的人口，西北半壁 64% 的土地仅供养 4% 的人口。

胡焕庸线在某种程度上也成为城镇化水平的分割线。这条线的东南各省（自治区、直辖市），绝大多数城镇化水平高于全国平均水平；而这条线的西北各省（自治区、直辖市），绝大多数低于全国平均水平。

胡焕庸线也是适宜人类生存地区的界线，其两侧还是农牧交错带和众多江河的水源地，是玉米种植带的西北边界。同时，我国原来的贫困县主要分布在胡焕庸线两侧。胡焕庸线与 400 毫米等降水量线重合，线东南方以平原、水网、丘陵、喀斯特和丹霞地貌为主，自古以农耕为经济基础；线西北方人口密度低，是草原、沙漠和雪域高原的世界，自古是游牧民族的天下。

与胡焕庸线相类似，我国的种植区域分布也有一个"带"，即全国农业气候区划，其中标示出主要农作物的适宜种植区域。但近几十年来，随着气候变化对我国的影响逐步深入，我国也同步进入了一个逐步"变暖期"，而同时我国的降水量也呈逐步增加趋势，"温水双增"对农业的影响开始逐步显现，这个"带"开始了变化和移动，其中最明显的变化就是"种植带北移"现象：意即原先不能种植某种农作物的地方，现在开始可以种植了。

"种植带北移"已经在某些方面突破了胡焕庸线的界限，也在某些方面突破了原有农业气候区划的界限，而在"种植带北移"的发展过程中，黑龙江玉米及水稻"北移"、新疆冬小麦"北移"、陕西苹果"北移"又以规模大、效益好而成为"种植带北移"需要关注和研究的课题。

一、过去 60 年间，我国气候变化总体特征是气温上升、降水增加，"种植带北移"多区域多作物发生

中国气象局国家气候中心高级工程师尹红介绍，过去 60 年间，我国气候变化总的概括是：气温上升，降水增加，极端气候事件频发。

1961—2020 年，60 年间我国各区域年平均气温呈一致性上升趋势。升温速率区域差异明显，北方明显大于南方，西部大于东部。青藏地区升温速率最大，平均每 10 年升高 0.36℃，升温速率相对较缓的西南地区，该值为 0.17℃。同时，冬天的升温速率要大于夏天，这和人们的直接体感是一致的——北方的冬天越来越不冷了。

当然，总体升温并不排除个别时段的寒冷。在我国，造成个别时间段寒冷的原因主要有两个：一个是拉尼娜现象，会经常造成我国北方冬季寒冷多雪；另一个是气候变暖导致的北极冰川融化加快，融化过程中释放出的巨大冷空气会短期内影响所辐射区域，比如西伯利亚和我国。

1961—2020 年，我国年平均降水量呈增加趋势，平均每 10 年增加 5.1 毫米。总体降水情况是，南方不减，北方增加，民间有说法叫"降雨带北移"，其实叫"降雨带北扩"可能更准确。

气候变化增加了热量资源,作物生长季得以延长,多熟作物种植北界向高纬度、高海拔地区扩展,喜温作物、越冬作物及冷凉气候区作物可种植面积扩大。东北地区玉米和黑龙江水稻可种植面积增加;南方双季稻区可种植北界向北推移近 300公里;冬小麦种植北界北扩西移 20～200 公里;冬油菜种植北界向北扩展 100 公里;柑橘不同适宜区种植北界平均移动 0.75 个纬距,折合约 83 公里。

南方一年三熟种植北界在湘、鄂、皖、苏、浙五省北移西扩明显;西北地区带状种植、间作套种面积逐年扩大。与 1950—1980 年相比,1981—2007 年一年两熟种植北界在晋冀陕三省平均北移 26 公里。

尹红介绍,预计未来 30 年,一年两熟可种植北界在陕西北移将达到 130 公里,甘肃旱作区玉米的种植界限会进一步向北移动,种植区域的海拔高度可能会继续抬高。

二、黑龙江玉米"种植带北移"200 公里左右,40 余年种植面积增加 6100 余万亩

气候变化对黑龙江的影响是非常明显的。黑龙江省气象科学研究所高级工程师闫平介绍,近些年来黑龙江平均气温每 10 年上升约 0.3℃,6 个积温带均出现北移。其中,第一积温带大约北移 0.5 个纬距,第二积温带北移 0.2 个纬距,第三至第五积温带北移大约 0.1 个纬距。1 个纬距约合 111 公里,照此计算,黑龙江积温带北移最小幅度为 11.1 公里,最大为 55.5 公里。

2010 年,由中国气象局沈阳大气环境研究所主持,吉林省气象科学研究所、黑龙江省气象科学研究所共同承担的中国气象局气候变化专项"东北粮食生产格局的气候变化影响与适应研究"初步成果显示:东北地区无霜期延长,初霜冻出现日期呈逐年推迟趋势,1971 年至 2008 年,初霜日延后 4～5 天,无霜期增加了 14～21 天。玉米适播期可提前 3～9 天,玉米总产以 967 万吨 /10 年的趋势增加。水稻适宜生长期延长 4～8 天。

2021 年,东北区域气象中心组织辽宁、吉林、黑龙江省气象部门完成了第二次东北区域气候变化评估工作,并出版了《东北区域气候变化评估报告:2020 决策者摘要》,报告显示:东北地区最大冻土深度以 5.5 厘米 /10 年的速率减小。

东北区域作物生长季积温增加,玉米可种植界限北移。≥ 10℃积温增幅为 5～12 摄氏度·日 /10 年,种植界限向北移动 158.3～285.8 公里,可种植面积

增加 5805 万亩。农业旱涝灾害频次与强度增大，低温冷害发生次数减少、范围缩小，但影响未减弱；病虫害加重，水稻发生高温热害的概率增加。

从"1961—2010 年东北区域玉米可种植北界的变化区域"一图中可以明显看出，东北地区的玉米"北移"主要是在黑龙江，北纬 49°～ 51°之间，"北移"距离为两个纬距，平均约 200 公里，所移区域集中在黑河市和伊春市的范围内，以及大兴安岭地区的零星区域。相关数据也同时佐证了这一点：1980 年黑龙江省玉米种植面积为 2826 万亩，2021 年增加至 9000 万亩左右，40 余年黑龙江全省玉米种植面积增加了 6100 余万亩。

三、黑龙江水稻"旱改水"的前提是积温增加，水稻＋玉米共计 1.17 亿亩的增量，相当于 40 余年粮食面积增加了一个黑龙江

与黑龙江玉米"北移"相类似的，还有水稻"北移"。

2021 年 10 月上旬，黑龙江省黑河市逊克县农民王占华把几株金灿灿的稻谷从稻田里拔出。"虽然雨水大，但并没有影响咱们水稻，今年年景很不错，比往年一垧地能多打两千多斤吧。"

自 2011 年开始，王占华在北纬 49°的土地上试种高纬寒地水稻，2014 年，由他牵头注册成立逊克县占华水稻种植农民专业合作社，并依托黑龙江及其支流丰富的水资源优势，按照农作物"三减"绿色种植方法进行种植。合作社种植的水稻，全部取得了绿色产品标识认证。

随着逊克县占华水稻种植农民专业合作社水稻陆续进入收割季，金色大地稻谷飘香，一片丰收景象。

为确保稻谷颗粒归仓，合作社成员们抢抓晴好天气收割、晾晒，田间地头一派忙碌。每亩地比往年增产 140 斤，整个合作社预计产粮 300 多万斤。

顺应"种植带北移"的变化，黑龙江省政府近些年来大力实施"旱改水"工程，即改种植大豆为水稻。闫平告诉记者，与大豆积温要求的 1700 摄氏度·日相比，水稻高达 2400 摄氏度·日，是气温上升为"旱改水"提供了基础条件，而"旱改水"的另一个原因是经济利益，前些年种植水稻的经济效益要高于大豆。

黑龙江"旱改水"的一部分区域仍在水稻的原适宜区，另一部分则是"北移"区域，与玉米相仿，"北移"区域也主要集中在伊春市和黑河市的范围内，大兴安岭地区有少量"北移"种植。"旱改水"大大提高了黑龙江省的水稻种植面积，

1980 年，黑龙江省水稻种植面积为 315 万亩，2021 年增加至 6000 万亩左右，40 余年水稻种植面积增加了 5600 余万亩。

1980 年，黑龙江省粮食作物种植面积为 1.1 亿亩，2021 年激增到了 2.182 亿亩，增加了 1.082 亿亩，其中增加的主要就是玉米的 6100 余万亩和水稻的 5600 余万亩。可以这样说，从粮食面积的角度，40 余年又增加了一个黑龙江。需要说明的是，玉米水稻面积增加之和为 1.17 亿亩，大于 1.082 亿亩的粮食面积增量，这是因为还有一些粮食作物面积是减少的，比如小麦。

2021 年，黑龙江省粮食产量为 1573.54 亿斤，连续 11 年位居全国第一，其中玉米、水稻总产量也是全国第一，"北移"在其中功不可没。

四、新疆小麦、冬小麦"北移"增加 300 多万亩适种面积，全疆小麦、冬小麦种植面积双双大幅增加

2021 年 10 月下旬，在新疆昌吉州木垒县新户镇新户村村民张开国的小麦地里，拖拉机、播种机等大型机械来回穿梭，隆隆作响，一粒粒粉色的包衣麦种随着播种机的上下翻动被播种进地里，也播种下来年丰收的希望。

"我 2021 年种了 3000 多亩冬小麦，完全不担心播种质量，因为现在都是精量播种机播种，播得直、效率高，便于后期灌溉和采收。"张开国告诉记者。

在张开国的另一片冬麦地，麦苗已长出了五六厘米的嫩芽，绿油油的一片，甚是喜人。张开国说："前期种的冬麦都浇过越冬水了，只要抓好田间管理，就能确保来年夏粮丰收。"

中国科学院遗传与发育生物学研究所农业资源研究中心张正斌课题组调查后得出结论，我国冬小麦的安全种植北界已由长城沿线向北扩展了 1～2 个纬度（100～200 公里），华北地区小麦已由冬性向半冬性转变。冬小麦"北移"涉及区域以西北小麦作区为主，但因为经济效益等原因，其中很多省份冬小麦乃至小麦面积不增反减，比如陕西、甘肃、山西等省，但新疆的小麦特别是冬小麦面积却一直保持增长势头，成为小麦黄淮、江淮作区之外为数不多的小麦面积增长省份之一。

新疆农业气象台正高级工程师张山青、乌鲁木齐市气象局正研级高工普宗朝介绍，与全国气候变化的规律相同，新疆近几十年来呈现出明显"暖湿化"的特点，并于 20 世纪 80 年代末期发生了"突变"，具体涉及冬小麦的几个气候指标有：

≥ 0℃积温（冬小麦等喜凉作物生长所需积温）于 1997 年发生了"突变"，"突变"前较"突变"后全疆平均增多了 270.1 摄氏度·日。降水量整体增加，1991 年以后 12 月平均最大积雪深度增加了 2.3 厘米。

专家介绍，在新疆冬小麦能够"北移"的必备气候条件有两个：一个是 ≥ 0℃积温的增加。另一个就是冬季积雪深度的增加，因为积雪相当于给冬小麦覆盖了一层厚厚的保暖被，有研究表明，积雪深度每增加 1 厘米，冬小麦忍受低温的能力就增加 1℃。

近几十年来，新疆冬小麦种植北界"北移"了 1 至 2 个纬度，平均 150 公里左右。所涉区域主要是阿勒泰地区，包括福海、哈巴河、布尔津等县。

1997 年前，新疆冬小麦适宜种植区及次适宜种植区面积为 413.5 万亩；1997 年后，增加至 731.5 万亩，增加了 300 多万亩。

相比较春小麦，冬小麦的优势体现在：一是产量，平均高出 15% ～ 20%；二是在春季干旱的时候，春小麦需要专门浇水，而冬小麦则可直接吸收覆盖积雪所融化的水，所以不争水、不争劳力、不争农时。

近几十年来，新疆的小麦种植面积一直在增加，其中冬小麦增加更为明显。2004 年，新疆小麦种植面积为 900 万亩，其中冬小麦 650 万亩，春小麦 250 万亩，冬春比为 1.23 ∶ 1；2020 年，新疆小麦种植面积 1603.55 万亩，增加了近一倍，其中冬小麦 1126.05 万亩，春小麦 477.5 万亩，冬春比为 2.36 ∶ 1。

五、陕西苹果，陕南—关中—陕北，"一路北上"，"北移"出全国第一苹果大省

2021 年 10 月底，陕西省榆林市绥德县义合镇墕头村的 1600 亩山地苹果迎来采摘季。果园里，红彤彤的苹果挂满枝头，弥漫着沁人心脾的香味，忙着采摘、装箱的果农们个个喜上眉梢。

墕头农副产品购销专业合作社理事长田俊莲，正忙着与前来采购的果商洽谈山地苹果采购事宜。"现在已经接到 5 万斤的订单，陆续还有果商前来看果，销路应该没问题，因为我们村的苹果是以质取胜的。"田俊莲满怀信心地说。近年来，墕头村因地制宜，大力发展山地苹果产业，目前全村果园面积达 1600 亩，从事苹果产业农户 295 户，占全村农户的 61%。2020 年，全村经济总收入 1180 万元，其中苹果销售收入 944 万元。

"我家种了20亩苹果，估计能卖9万多元，再加上到合作社打工挣的钱，这几年依靠苹果产业我家日子越过越好，我对发展山地苹果产业也更有信心了。"村民李春莲说。

陕西苹果，如今已是市场上一块响当当的品牌。据陕西省气象局相关资料和数据，20世纪50年代后期，在前苏联专家指导下，陕西省开始在秦岭北麓发展苹果林带；20世纪70年代起，苹果种植开始向更好的产区——渭北黄土高原发展，涉及西安、宝鸡、咸阳、渭南、铜川等市，以及延安的南部；从2008年起，陕西省政府开始启动苹果的"北扩西移"工程，苹果开始北扩至延安北部、榆林南部的一些县市，扩种210万亩，北扩约200公里。

陕西省农业遥感与经济作物气象服务中心高级工程师梁轶介绍，苹果是一种温带水果，对气温和降水都有一定要求，随着气候变暖，陕西苹果种植主区域得以由陕南至关中再至陕北"一路北上"，到目前苹果种植已大部分集中在陕北。榆林市米脂县是陕西苹果新型主产区之一，也是陕西苹果主产区县中最北的一个县，近30年来，榆林市平均每10年升温0.27℃，米脂县更是高达0.49℃，为苹果这种温带水果的陕北种植提供了气候条件。

苹果"北移"涉及延安南部的所有县市，以及榆林南部的米脂、绥德、子州、横山等县市。2010年，延安市苹果种植面积为近300万亩，排在全省第二，咸阳之后。到2020年，延安市苹果种植面积已达400万亩，跃居全省第一。2010年，榆林市苹果种植面积只有区区21万亩，2020年则增加至115万亩。

如今，延安所属13个县市均是苹果产业重点县，延安也已成为中国苹果种植面积最大的地市，榆林的发展势头也非常好。而陕西也已是全国第一苹果大省。

六、三大粮食作物"北移"显著，北方的"北移"是重中之重，建议适时启动第三次全国农业气候区划工作

从理论上讲，能够"北移"的包括许多农作物，但事实上主要发生"北移"的是玉米、水稻、小麦三大粮食作物和其他一些重要经济作物，特别是三大粮食作物的"北移"，增加了我国的粮食种植面积，对粮食安全具有不可低估的重要作用。此外，冬油菜也在发生"北移"，只是"体量"尚不够大，目前所知如陕西，其油菜种植面积1980年为138万亩，2020年增长至264万亩。

从理论上讲，"北移"既包括南方的"北移"也包括北方的"北移"，但事实上"北

移"的主要发生区域是在北方，其对北方乃至全国的种植结构调整和农业生产意义也更大。

尹红建议，要着眼"种植带北移"合理规划和调整农业生产布局，增强农业生产系统的准确性和高效性，同时还要对未来气候变化带来的农业生产格局变化加强前瞻性研究。

20世纪60年代中期和80年代初期，我国先后完成两次全国农业气候区划工作。中国气象局公共气象服务中心气象服务首席朱定真建议，应依据现阶段气候变化研究最新成果，利用现代遥感技术、地理信息技术、全球定位技术、大数据及人工智能，开展第三次全国农业气候区划工作，以引导农业种植结构调整。

当然，"种植带北移"也是有利有弊的，其中最大的弊就是，随着农作物的"北移"，病虫害也随之发生了"北移"。张正斌介绍，从调查结果看，我国害虫发生地理界限北移、发生海拔界限高度增加，危害范围加大，危害程度加重。与20世纪80年代相比，小麦条锈病越夏区的海拔升高了100米以上，发生流行时间提早半个月以上。原来南方小麦主发的赤霉病和白粉病也已经成为北方小麦的主要病害，稻飞虱和南方果树黄萎病的发生区域也明显逐步向高纬度、高海拔地区扩大，草地螟在北方则连年爆发。这些都需要在促进农作物"北移"的过程中予以高度重视和应对。

张正斌认为，气候变暖对我国农业和粮食生产的影响主要在北方，"北移"的重点也在北方，这一点无论是从各省实例还是从对我国粮食生产连续13年丰收的贡献来看，都是如此。2021年，东北四省区对全国粮食增产的贡献率达到70.3%。因此，要抓住北方"北移"这个重点中的重点，抓住气候变化中的战略机遇期，趋利避害，进一步挖掘我国粮食和农业增产潜力，从微观和宏观两个层面下好"种植带北移"这盘棋。

（作者单位：农民日报社）

◎责任编辑：李珊珊

海外窗口

日本农业发展演变与新趋势

⊙ 穆月英

　　日本属于人多地少、资源紧缺型农业，长期以来，在一系列政策的作用下，农业现代化水平不断提升，主要农产品生产持续发展，近年来，日本农业发展也面临着诸多难题，农业正在朝着一些新的方向发展。

日本农业发展及演变

　　20 世纪 60 年代开始，日本经济进入高速增长阶段，工农业收入差距拉大，农业剩余劳动力向非农或农外转移，带来农户数量减少；与此同时，消费需求增长和消费需求结构改变对农业发展和农产品供给提出的新要求。在这样的背景下，1961 年，日本出台并实施《农业基本法》。目标是农业劳动力向外转移背景下，促使耕地集中和农业经营者规模扩大，从而提升农业生产率；对应消费者需求优化农业生产结构；培育农业经营人才，通过农业发展提升收入水平，缩小农业与其他产业的收入差距。在政策方面，生产政策有：注重提高农业生产率；价格和流通政策有：注重稳定农产品价格、提高农业收入；结构政策有：注重农业经营规模扩大、现代农业发展、自立经营。

　　在一系列措施的综合作用下，农业技术进步和农业机械化带动提升了农业劳动生产率、土地生产率，以及农业现代化水平，缩小了城乡收入差距。农业生产发展，农产品价格稳定，形成家庭经营和自立经营两种方式。无论农业总体，还是主要农产品产出，都得到了持续增加。

稻米在日本农业中占据重要地位，稻米的生产和对策调整过程也是日本农业生产结构的演变过程。日本稻米生产值最高是在1965—1970年的时段，随后大米产值下降。1969年以前，日本农业生产稻米全部由政府管理（被称作政府米）。在稻米生产增加供给充足，而消费需求不断下降的背景下，从1969年开始，在原有政府米的基础上引入了"自主流通米"，1995年已经逐步演变为自主流通米占据主导地位，大米价格主要依靠民间通过商议定价的形式决定。值得指出的是，1960年代之后，日本人均全年大米消费量持续下降，由1960年的115公斤下降到2020年的51公斤。在需求侧变化背景下，农业政策鼓励水稻种植从直接食用型稻米向饲料型米和加工型米调整，水稻作物向其他作物种植调整等。稻米播种面积从2005年的170.2万公顷减少到2020年的146.2万公顷，稻米产值占农业总产值的比重从33.5%下降到18.4%，与此同时，麦类、大豆等的播种面积略有增加。

进入1980年代，日本农业总产值出现下降，农村人口数量和人口密度下降，特别是山区半山区等条件不利地区面临农业可持续发展和乡村振兴问题。1999年开始，《食物—农业—农村基本法》代替了原来的《农业基本法》，形成了三个维度的对策措施。农产品维度：强调数量供给稳定和质量安全性。农业维度：强调农业的多功能性发挥以及可持续发展。农村维度：强调农村地区振兴。通过农业的发展，食品数量供给保障水平得以提升，特别是确保食品质量安全性水平；重视消费者的需求的食品政策、高效率且稳定的农业经营带来了较高的农业生产率，根据市场需求特点的价格形成和稳定经营，自然使农业可持续发展，促进了条件不利地区的发展。

日本农业发展现状及特征

1. 农业生产和结构特征

日本农业产值变化经历了先升后降，渐趋平稳的发展趋势。1960年以来，主要农产品的产值增加带来农业产值的增加，农业产值的变化呈现倒U型。1984年以前，农业产值随时间推移不断增加，1984年达到峰值，之后呈持续下降趋势，直到2010年开始出现新的转机，在大米、蔬菜、牛肉类等需求因素的拉动下农业产值又出现小幅度增加。在农业结构方面，"稻米农业"在下降，畜牧业比重持续增加，蔬菜先升后降。2020年，在日本农业产值的占比中，稻米占18.4%，蔬菜占 25.2%，畜牧业占 36.2%，形成了畜产品、蔬菜与稻米三足鼎立的农业结构（以上不包括水产业和林业）。

2. 农户家庭经营与法人等经营主体并存，每个经营主体的规模在扩大

日本传统的经营方式以农户家庭经营方式为主，近年来，法人、团体等经营主体在农业经营中的地位在提升。农业经营者的个数在减少，但每个农业经营者的规模在扩大。近几年平均每户养殖头数达到 2000 头以上。在种植业，从每个农户经营面积分组看，2019 年，所占比重最大的经营规模组别是 30 公顷以上，这一组别经营面积所占经营面积比重达三分之一以上。2020 年一个农业经营体的耕地面积为 3.1 公顷，是 2005 年（1.9 公顷）的 1.6 倍。按照销售额显示的农业经营体的规模也呈现出不断扩大趋势。

3. 农业产后流通体系发生改变

长期以来，日本形成了规范的农产品流通体系，一个特点是农产品批发市场占有重要地位，往往有 80% 以上蔬菜和水果等农产品经由批发市场进入市场，并且有《农产品批发市场法》规范农产品的流通，对分散的农户所生产的农产品顺利进入市场发挥了重要作用。随着农业生产状况和市场条件的改变，经由批发市场的比率在下降，2015 年蔬菜经由批发市场的比率降低 56%。分析其原因：一是大规模的农业经营者，为了压缩流通成本，减少流通环节，通过订单农业、农超对接等形式销售农产品。二是直销市场的发展，从生产端直接进入零售端，2020 年，直销市场发展到 1.1 万个，直销市场农产品销售额占比为 4.9%（2015 年）。三是其他流通新业态的出现，比如电商销售农产品的增加，此外，24 小时便利店在日本数量巨多，分布密集，以往便利店销售日常生活用品，食品也是以点心及加工食品为主，近年来对应人口高龄化等形势，在便利店也追加生鲜蔬菜水果等角落。

日本农业发展面临的问题

1. 食物自给率下降

日本食物自给率由 1965 年的 73% 下降到 2020 年的 37%，与其他国家相比属于低水平。主要农产品的自给率分别如下：稻米 98%，蔬菜 76%，畜产品 50% 左右。

为了提高食物自给率，日本政府提倡利用国产农产品进行加工，并呼吁企业和家庭减少食物浪费。

2. 农业劳动力的高龄化以及农村人口减少

日本农业劳动力高龄化及农村人口外流问题严重，农村人口的高龄化率（65岁以上人口所占的比重）为35%，高于城市的高龄化率（25.9%）。农户家庭经营的劳动力数量减少，同时农业经营者高龄化现象愈发严重。农林水产省数据显示，2020年，以出售农产品为主的农户中，经营者年龄在65岁以上的占比70%，49岁以下的占比不到11%，农业后继乏人。农业经营者的高龄化使得农业经营规模难以扩大，而小规模经营不利于农户进入市场。

3. 农业经营者收入有待提高

构成农业经营者收入的有来自农业经营的收入、非农收入和退休金收入。反映农业经营收入的每个农户来自农业的年平均收入1990年为126万日元、2020年为123万日元，变化缓慢。从不同收入组别的农户数分布来看，2011年农业收入赤字的占总农户数的29.3%，50万日元以下的所占比重为28.8%。农业经营收入的制约因素包括：一是受到小规模的约束，农业经营者收入水平偏低；二是受石油价格、生产资料价格上涨及农业劳动力资源短缺等影响，农业经营成本不断增加，与2015年1月相比，2022年2月的生产资料综合价格指数为111%，其中肥料价格指数为108.8%，饲料价格指数为119.5%，光热燃料费达123.7%；三是农产品流通成本也波及农业经营效益。农户全部收入的变化是：20世纪90年代中期之前持续增加，之后呈现下降趋势，2021年农户家庭年收入为344万日元。农户收入中，对农业的依存度从1960年的50%以上，大幅度下降到1990年的15%左右，然后平移，直到2003年开始小幅度回升。

4. 农业资源利用面临的难题

日本农用地面积下降，2021年比1965年下降了28%，比2005年下降了7%，主要原因是废弃、非农用、受灾等。播种面积下降，导致耕地利用率也逐渐降低（耕地利用率＝播种面积／耕地面积），从1960年的133.9%下降到2020年的91.3%，从1995年前后开始，耕地利用率下降到低于100%，意味着播种面积小于耕地面积。主要原因在于农业经营后继乏人，以及农用地闲置和荒废。政府以及各方采取相应的对策措施，以促进农用地流转、集约化和规模化。

日本农业发展的新趋势

1. 农业的地产地消

地产地消一方面指根据消费者的需求来安排农业生产，另一方面指本地生产的农产品尽可能多地在本地消费，是日本近年来农业生产对策措施的综合性概括。围绕农业地产地消开展一系列的活动，使得农产品生产者与消费者有效地连接，促进农业生产发展、提高农产品供应水平。发展地产地消，通过直销市场以及一、二、三产业融合，帮助更多农产品进入市场并增加产品附加值，同时，缩短运输距离并降低经营费用，促进农业经营者收入提高。日本农业的地产地消包括以下几个方面：

第一，农产品直销市场。近几年日本大力发展生产者直接向消费者销售农产品的直销市场。直销市场的优势体现在产品新鲜且价格低，受到消费者的青睐。直销市场的经营者包括专门经营者、农协等，其中，农协经营的直销市场的销售额所占比重最大，表明健全的农业合作组织成为农产品直销市场发展的重要基础。

第二，农业的 6 次产业化开发。农业的六次产业化即围绕农业的 3 个产业的 1+2+3=6 的产业化策略和 1×2×3=6 的产业化策略，主要指农业运用本地生产的农产品进行食品加工等。基于《关于利用本地资源进行产业开发及促进增加利用本地农产品法律》得到认定的产业开发事项不断增加，由 2011 年的 709 个，达到 2017 年的 2349 个。通过 6 次产业化，扩大了本地农产品的市场需求，并将更多附加价值留在农业，提高农业生产者的收入水平。

第三，观光农业。以本地特色农业为依托发展观光农业。日本农业观光的人数逐年递增，通过观光农业，向消费者出售本地农产品，与此同时，通过农园里农业体验向消费者介绍本地农业和饮食文化，此外，向当地饭店供应本地产农产品等。

第四，食育与认知本地农产品。围绕"食育"开展各种活动，增加关于"食"的知识，提高选择"食"的能力，形成健全的"食"的生活方式。农林水产省 2005 年实施了《食育基本法》，将食育作为一项国民运动在日本推广普及，提倡本地农产品供应本地食堂（包括学校、本地机关等食堂），以及本地食堂增加使用本地农产品。

2.农业的绿色发展和绿色食物系统战略

本世纪初出台的一些农业支持政策强调环境保全型农业的发展，近年来日本农林水产省的政策框架提倡绿色食物系统战略。

第一，农业生产过程、农业生产者及农产品方面。针对农业生产过程实施良好农业规范（GAP: Good Agricultural Practice），包括农业环境保护、食品安全、劳动安全等以可持续农业为目的的农业管理，具体地，从食品安全、环境保护、劳动安全等视角出发，规定农业生产过程根据GAP进行农事作业，并注意做好记录和检查工作。采用GAP有三方面优点：一是确保食品安全；二是保护环境；三是降低成本，比如通过减少肥料农药的使用而降低成本。针对农业生产者，实行农业生产者认定，对那些采取绿色生产技术的生产者实施"生态农场"认定。针对农产品，按照日本农林规格执行（JAS：Japanese Agricultural Standards），得到认定的农产品可以得到有机农产品标志。

第二，农业生产基础设施强化和农地保护。农业生产的基础设施强化和农地保护主要包括农业水利设施强化，延长使用寿命并加强农田建设，提高农业竞争力。其中，《土地改良法》包括提高农业生产效率、扩大农业生产发展及改善农业结构、提高农业的地区集中度。

第三，环境保全型农业和绿色食物系统战略。环境保全型农业具体分为四种类型，分别是土壤培育、循环农业、化肥农药减量化和有机农业。近年来提倡的"绿色食物系统战略"包括碳减排、园艺设施的加温绿色化、绿色技术发展。在食品产业方面，提倡减少食品浪费，提升食品制造业劳动生产率、提升食品批发业的收益率等。

3.从农产品自给率到农产品自给力

农产品的自给率和自给力都强调日本农业生产和农产品的供给保障水平，农产品自给率是现实的农产品供给水平表现，而农产品自给力强调的是潜在的农产品供给能力。长期以来，日本政府把农产品自给率维持在一定水平作为农业发展的重要目标之一，但是这一指标值随着时间推移呈持续下降的趋势，近年来按照热量计算的食物综合自给率为37%，按照产值计算的食物综合自给率达到66%的水平。主要原因是食品生活的多样化趋势，能够100%国产满足大米的消费在总消费中的比重下降，而饲料或原料依赖进口的畜产品和油脂类的消费在增加。

与此同时，政府近年来强调农业自给力，为了扩大国内农业生产，充分利用农用地，挖掘并提高食物供给的潜在生产能力，即农产品自给力。最大限度发挥农用地的作用生产产品，结合每人每天所需要的热量，判断自给力。而不同的种植模式和种植结构，会得出不同的自给力水平。近几年政府重视两种模式：一种是大米和小麦为主的种植模式，另一种是薯类为主的种植模式。为了提升自给力，强调节省劳动力的农业技术等推广。2018 年，反映农业自给力的主要指标中，农用地为 442 万公顷，废弃地再利用面积为 9 万公顷，实际投入劳动时间，能够得到每一种种植模式下平均每天为每人提供的热量，与日本按照人均需要的食物热量（2169kcal/ 人·日）相对照，可以看出不同种植模式、不同生产方式下的自给力水平。为了提高自给力水平，近年来更加强调以下几个方面：一是耕地利用上，农用地的充分利用，撂荒地的再利用；二是农业劳动力上，劳动力数量的确保，以及激励年轻人种地；三是农业生产的单产水平上，农业生产效率的提升；四是技术和模式上，推广新品种、新技术，优化种植模式，强化农业基础设施。

（作者系中国农业大学经济管理学院教授）

◎责任编辑：李珊珊

乡村振兴促乡村可持续发展的德国经验

⊙ 张延龙

在 20 世纪 80 年代的德国，城市移民给乡村带来了诸多社会问题，其中最主要的问题是乡村开始逐步地失去其独特的风貌，乡村生活发生巨大改变。为了帮助乡村居民适应这一改变，德国政府实施了"乡村振兴"战略，由乡村居民决定乡村的未来，自我实施，并通过一系列的法律制度对乡村规划的具体内容予以明确。德国政府通过"乡村振兴"这一农村发展政策工具，顺利实现了德国乡村的可持续发展。

一、公众参与保障乡村规划本土化

对乡村进行合理规划是乡村改革的重要基础性工作，也是德国乡村振兴战略得以顺利实施的条件之一。德国的乡村振兴战略重视事前规划，贯彻城乡等值理念，突出对乡村公共产品和公共服务进行有效供给。除了上层法律基础，底层大众参与也为德国乡村振兴的实施提供了群众基础。

德国通过合理的乡村空间规划，保证乡村居民获得健康的工作环境和人居环境，充分平衡乡村经济、社会和文化的发展。为了实现这一目标，《德国空间规划法》要求乡村规划必须坚持"城乡等值化"的原则（Evenly Equality），保证居民无论是在城市还是农村工作和居住，都可以享受到均等化的公共服务。同时，该法律还强调要坚持基本农田和生态资源保护的原则，不可因为规划破坏农业生产和浪费生态资源。《农业结构预规划》进一步明确乡村振兴既要考虑乡村内的规划，也要考虑村与村之间，甚至镇与镇之间各类资源的规划，形成区域性的经济协调和合作。涉及的规划内容包括：（1）地区性的经济结构规划；（2）公共投资结构规划；（3）区域性的景观结构规划；（4）区域性的土地使用和建造规划。

对于乡村规划中的土地使用等方面的问题，德国通过《土地整理法》予以明确。首先，在农业发展方面，要求乡村规划要通过土地再利用，保证乡村公路、灌溉设施等用地需求，保护农业用水和土壤资源，进而达到改善农业生产条件和工作环境的目的。其次，在农村发展方面，要求乡村规划能够合理利用乡村土地满足农村住房和基本公共设施用地的需求，进而达到改善农村社区居住和工作环境的目的。最后，在生态和景观保护方面，要求乡村规划要保护自然资源和农村自然风景，并根据实际需要打造新的农村风景。这一系列工作的实际目的是通过提高乡村居民的幸福指数，吸引外来人口，提供旅游和休闲服务，为农业生产和未来村庄发展提供动力。因而德国的乡村振兴颇有"筑巢引凤栖，花开蝶自来"的意味。1976年，德国对该法律进行了再次修订，将乡村振兴写入法律条文，配合德国乡村振兴战略的实施，保证各类土地在合理规划下投入乡村建设。

公众参与制定乡村规划是德国乡村振兴战略的特色。依据国际经验，但凡实施乡村振兴发展战略的国家，如美国、法国、日本和韩国，都会出台相应的法律，以法律的形式规定改革发展方向和基本内容。德国也不例外，但德国有别于其他国家的一个鲜明特征在于颁布了一个基于法律框架下公众参与的乡村规划，并以法律形式明确"乡村居民组成了农村社区，他们是乡村振兴战略中的主体"。这就说明乡村居民参与乡村规划是一种义务，也是一种权利，构成了参与主体的核心。除了乡村居民，由于德国乡村振兴战略既贯彻城乡等值理念，又强调乡村的本土化，突出自身文化的独特性，则城市居民和专家学者必然参与其中，构成了乡村规划制定的参与人员。

这种大众参与乡村规划的目的是通过听取各方意见充分地使乡村规划实现未来村庄发展愿景，切实符合乡村居民的生产和生活需要，提高城市居民对乡村的向往，通过对乡村居民的内在激励和乡村外居民的外在吸引，使乡村发展获取不断的动力。一方面，广泛的公众参与可以对乡村的本来面貌和文化特征给予充分的描述，使其通过乡村振兴回归到原有的乡村性和独特性。另一方面，广泛的公众参与可以对乡村生活方式进行充分的描述，使其通过乡村振兴拥有不低于城市平均水平的生活条件。这一方式也使得德国乡村振兴战略呈现出本土化的自我更新的特点，突出表现为各个乡村之间乡村规划的目标和内容各不相同，并依据自身特点，自我规划，自我更新。

二、乡村可持续发展取得明显成效

乡村可持续发展模型最早由波兰经济学者 Adamowicz 和 Smarzewska 于 2009 年提出。这一模型对于政府如何通过政策干预实现农业、农村可持续发展具有很好的解释力，并对乡村可持续发展理论奠定了基础。这一模型认为乡村之所以可以通过改革实现可持续发展，动力主要源于五个维度的构建及其共同作用，缺一不可。它们是空间秩序、社会秩序、法律秩序、自然秩序和经济秩序，其中前四个秩序会与经济秩序产生交互作用，进而实现各类资本的可持续使用，推进乡村可持续发展。

空间和自然秩序的构建强调乡村的可持续发展应注重乡村内及乡村外各类资源的空间合理分布，同时，也强调其与经济、社会资源的比例结构，使其协同发展。在"乡村振兴"战略中，德国政府非常重视空间和自然秩序的构建，乡村振兴规划必须以《德国空间规划法》和《农业结构预规划》等法律为基础，通过合理的空间规划，逐步地实现农业区、工业区、生活区和生态区的截然分开，平衡乡村经济、社会和生态的发展，也明确了坚持基本农业和生态资源保护的原则，减少生态资源的浪费。

社会秩序的构建强调通过基本公共服务和基本公共设施的提供，加强乡村在教育、就业、福利等方面的和谐发展，最终提升乡村生活品质。德国乡村振兴战略要求乡村规划必须坚持"城乡等值化"发展的原则，保证乡村居民可以享受到不低于城市基本公共服务标准的平均水平。同时，德国乡村振兴战略把乡村生活和工作环境的提升作为乡村振兴战略的主要目标，使乡村居住环境和工作环境显著地提升。这种社会秩序的构建，也使得乡村振兴战略在实施过程中，通过生活和工作环境的提升，吸引和留住更多的农村人才，提高农业企业的竞争，最终反馈于经济秩序，产生协同效应。

法律秩序的构建强调乡村的可持续发展是以法律保障为基础的长期性的发展，这样才能使各部分次序的发展基于一个稳定的预期，不因政治波动而波动。德国乡村振兴是在法律框架下公众参与乡村规划的结果，并且乡村规划的实施过程以《空间规划法》《农业结构预规划》《土地整理法》等法律为基础。这些法律及法规对于德国乡村发展的法律保障一直持续到今天,如截止到目前,德国仍然依据《土地整理法》鼓励对乡村土地不断地合并,截至 2016 年,德国农场数量还在持续地下降,平均每年减少约 3200 个。这种土地合并的稳步推进,也使得德国的农业经营模式发生了转变,逐步地实现了农业现代化,产生了经济的正反馈。

经济秩序的构建强调乡村的可持续发展是以农业发展为主导,与其他多维协同发展的结果。农业发展的主导性突出体现在两个方面:其一,农业在经济部门的占比逐步提高;其二,农业创业活跃。这一经济秩序的构建强调乡村的可持续发展以农业产业发展为依托,不改变这一根本,在持续的农业创业中,保持在量和质上的优势。德国乡村振兴实现乡村经济秩序的构建主要通过两方面。首先是农业经营方式的根本转变,从小规模农村经济升级为大农村经济,降低土地细碎化和产出效率低的客观约束,农业取得显著发展,成为世界三大农业类型中的一类典型;其次是通过地方产品的品牌化,持续不断地推进农业创业。这也主要由于区位优势,使得可以通过创业创立地方品牌,利用地方渠道易接入性和农产品即时性消费等特点,提高创业成功率。

综上可知,德国通过乡村振兴实现了乡村的可持续发展主要由于各个维度秩序的有效建立,及考虑到了各个维度的协同发展,使其成为一个有机体。因而,从这个观点出发,乡村振兴的实施从本质上就是构建这一有机体,实现乡村可持续发展。这也说明,"可持续发展"是"振兴"的目的和结果,是一种长远发展的考虑。

(作者系中国社会科学院农村发展研究所助理研究员)

◎责任编辑:李珊珊

想说就说

扣紧粮食有效市场和有为政府"两只手"

⊙ 孙晓明

　　中央全面深化改革委员会第二十三次会议，审议通过了《关于加快建设全国统一大市场的意见》《关于进一步提高政府监管效能推动高质量发展的指导意见》。习近平在主持会议时强调，发展社会主义市场经济是我们党的一个伟大创造，关键是处理好政府和市场的关系，使市场在资源配置中起决定性作用，更好发挥政府作用。构建新发展格局，迫切需要加快建设高效规范、公平竞争、充分开放的全国统一大市场，建立全国统一的市场制度规则，促进商品要素资源在更大范围内畅通流动。要加快转变政府职能，提高政府监管效能，推动有效市场和有为政府更好结合，依法保护企业合法权益和人民群众生命财产安全。

　　中央全面深化改革委员会第十八次会议审议通过《关于完善重要民生商品价格调控机制的意见》，要求坚持有效市场和有为政府相结合，建立健全价格监测预测预警体系、价格稳定长效机制、防范价格异常波动调控机制、突发应急调控机制、应对物价上涨的民生保障机制、市场价格监管机制等制度体系，构建重要民生商品价格调控的"四梁八柱"。

　　要压实生产责任，抓好产销衔接，强化储备调节，制定应急预案，做好民生兜底，加强市场监管，合理引导预期，着力提升"产、供、储、加、销"各环节的综合调节能力，以供应稳保障价格稳、以价格稳促进供应稳，防止价格大起大落影响基本民生。

　　粮食价格涨落或震荡，已成为市场产需供求变化的"晴雨表"，同时也包含着各方预期心理因素，不单单是粮食产不足需和供求失衡，综合因素使然。如 2020 年以来，特别是小麦、稻谷、玉米新粮上市后，粮食价格不降反升，固然有国内玉米产需的矛盾，但是小麦、稻谷平均库存一直在高位。这里边有国内玉米、大豆供求失衡的问题，国内生猪生产快速恢复，玉米和大豆的需求短期内增加较多，价格上涨，带动其他粮食品种价格上涨，还有新冠疫情的因素，也有小麦替代玉米的原因，更有农民和贸易商、加工企业心理预期、国际粮价和物流成本增加等因素。

总之这一轮粮价上涨实属正常，没有异常大涨的苗头或趋势因素，国家及时干预，拍卖小麦、玉米，加大个别粮食品种的进口量，及时抛售临储，调控手段精准到位有效。因此，在此基础上完全可以容忍粮价的阶段性上涨或下降。同时国家一再提出"六保"，其中重要一保是保粮食能源安全。在近几年一片降低粮食最低收购价的呼声下，立足粮食安全，面对重大疫情，国内外粮价上升幅度很大，谋划长远，逆势而动，稻谷、小麦最低收购价不降反而提高，意在稳定刺激粮食生产，保护农民收益，粮价形成机制过程仍需最低收购价和市场收购并驾齐驱。

增强稻谷、小麦最低收购价政策调控的灵活性和弹性，合理调整最低收购价水平，是落实"有保有压"、农产品价格主要由市场形成、粮食品种差别化价格政策的具体举措，前两年小麦、稻谷托市收购价全面下调，就是与市场接轨的修正措施，2020 年早、中晚籼稻价格上调，2021 年小麦（2022 年小麦托市价格每斤上调 2 分）和早、中晚籼稻托市价格继续上调，也是立足粮食安全，确保口粮绝对自给，考虑相关品种的供求和产需平衡，遵循市场法则，直面疫情和早、中晚籼稻的实际生产情况，而做出的政策调整。粮食收储政策改革的取向是完善最低收购价政策，综合运用价格和补贴等手段，建立起既能充分发挥市场机制作用，又能保障种粮农民利益，促进粮食种植面积稳、产量稳，大力发展优质粮食生产的粮食价格支持政策体系。

1. 加快粮食安全保障立法进程

用法律的形式把粮食生产、两大主粮托市收购主体和职责范围、卫生质量标准、价格形成机制、竞价销售的办法，以及监督检查主体和对象，纳入利益调整关系范畴，规范其运作，这也是粮食人和农民多年的期盼。笔者建议：一是增加粮食托市收购主体。打破中储粮一家独大的局面，增加地方国有粮食购销企业为托收收购主体，实行收购资金分贷分还，这样可以避免恶性无序竞争，损害农民利益。二是出台最低收入群体口粮保障政策。鉴于粮食最低收购价确保低收入人群口粮政策不明确，特别是面对重大公共卫生事件和自然灾害，在困难人群低保收入或价格临时补贴这块，要有具体体现。三是合理确定口粮最低收购价。建议国家在制定粮食最低收购价时，把小麦、粳籼稻最低收购价格与粮食生产成本、国内外价格趋向紧紧结合起来，兼顾扩大优质专用粮食种植面积，力促扩大小麦、稻谷市场化收购份额。四是建立完善的政策性粮食交易平台。建议为策应小麦、稻谷托市收购政策的有效实行，加大托市小麦及政策性粮食库存的抛储、竞价拍卖政策研究，构建全国及区域性粮食大市场大流通通道，有效避免区域性或全国性粮食市场和价格的大起大落。

2. 制定出台科学合理的粮食托市收购预案启动机制

粮食托市收购预案启动以地方发展和改革部门、粮食行政管理部门为主，综合农业、中储粮的意见，以实际收购农民的粮食价格为启动托市的市场参照价格，而不是以粮食经纪人出售粮食的价格作为托市收购启动的市场价格参照，实际上农民一般都是卖"地头粮"，那才是真实的收购价格，粮食经纪人的售卖价格，已经是第2个收购环节了，目前的粮食流通是种粮农民—小粮食经纪人（一般是走街串巷骑小三轮车在地头收购）—大粮食经纪人—粮食加工企业或粮食购销企业，因此粮食托市收购是否启动参照的市场价，理论上说的市场价不是农民的卖粮价格，实际是粮食经纪人的销售价格，而不是真正的种粮农民送到粮食购销企业或加工企业的到库价。

3. 改革完善粮食储备轮换办法

粮食收储政策改革理应包含粮食储备制度的变革，特别是粮食储备轮换直接影响粮食市场价格，目前中央、省、市、县四级储备制度已自成体系，但存在市（地）以下储备数量不足或品种结构不合理的问题，同时各自为政、互不说话也导致了一些弊端和问题，如轮换时间和节奏不衔接，集中轮换出库，争相销售，集中轮换入库，争购粮源，对市场和价格带来一些冲击，特别是地市以下粮食储备轮换，承储企业各自操作，盈亏自负，由于粮食行情变化不好把控，带来很大的不确定性。建议国家出台中央和地方储备轮换统一衔接政策措施，避免集中出库或无序出库，避免打压市场或抬价争抢粮源，造成市场粮价不稳定。同时理顺玉米、大豆流通渠道，形成玉米、大豆等粮油品种国内国际双循环下的供应链条，规范市场主体，理性收购、顺价收购，坚决取缔恶意炒作、囤积居奇、逆市操作等不法行为。

4. 加大粮食税收政策改革，策应粮食收储政策特别是价格政策的改革

当前粮食购销方式已发生很大变化，基本不存在一家一户自产自销，而是种粮农民—粮食经纪人（粮食合作社、农场）—国有粮食购销企业—粮食饲料加工企业，谁是"种粮农民"，内容发生变化，粮食经纪人或粮食合作社、农场，既是粮商，也是种粮农民，身份发生了变化，目前只有存储各级政府储备粮的国有粮食购销企业是免征增值税企业，民营粮食加工企业不享受免征增值税的优惠政策，饲料加工企业只对自产自销的种粮农民提供收购发票，税收政策明显滞后。建议国家税务部门应抓紧修改国有粮食购销企业免征增值税办法，国有与民营粮食购销加工企业一律平等享受免征增值税的优惠政策，饲料加工企业对粮食经纪人售粮也要提供收购发票。在政策没有改变之前，鼓励粮食购销企业敞开收购农民余粮，或收购粮食经纪人提供的粮食，由粮食经纪人直接为粮食饲料加工企业提供原料，税务部门为粮食增值税免税企业及时足额提供粮食增值税发票，满足农民或粮食经纪人出售粮食的需求，为粮食加工转化企业提供原料支持。

5. 标本兼治，科学合理引导粮食市场预期

做好粮食市场和价格市场预期是实施粮食宏观调控、维护粮食市场和价格的有效手段，特别是新冠疫情暴发以来，合理引导粮食市场预期，确保了粮食保供稳价和市场平稳。建议一是分口径发声，通过有效媒介平台，政府即时对粮油市场和价格进行解读，正本清源，避免误导误读和干扰。所谓分口径就是从粮油生产、进出口、国内流通和储备政策和执行等环节，分部门进行宣传解读，答疑释惑，不能各说各话或越俎代庖。二是先声夺人，把粮食储备规模数和库存数量公之于众，特别是对粮油应急供应体制机制进行全方位立体式宣传解读，避免出现杂音或混淆视听的现象，合理引导城乡居民理性消费、健康消费。三是立足练好内功，从根本上解决保供稳市的问题。坚持问题导向，建立健全粮油应急供应保障体制机制，充实成品粮食储备规模，改善粮油保供品种结构，确保应保尽保、库存充实、供应无虞；同时建立健全粮油市场和价格预警预测机制，避免数出多门或无效重复劳动，充分利用互联网、大数据、物联网、云平台，自上而下、自下而上形成一套科学合理的市场预判、预警、统计分析的数字化粮食预警监测网络体系。

（作者系中国粮食经济学会、中国粮食行业协会理事）

◎责任编辑：汪义力

县域治理的历史进程与金融服务

⊙ 凌云

郡县治，天下安。自古以来，县域治理和经济发展一直为中央政府所重视。新中国成立以来，在党的农村方针政策指引下，县域治理发生了一系列重要制度变革，从而带动县域经济不断改善和发展。因此，在新时代乡村振兴背景下，研究县域治理和金融服务问题，具有非常重要的历史和现实意义。

一、县域治理和经济发展的历史考察

古人云：民为邦之本，县乃国之基。县，是国家行政管理的最基础层次以及最基本单元。在我国行政区划历史上，县的由来历史已久。早在西周时期，周王的食邑叫王畿或国畿，王畿之内即是"县"。根据历史记载，县作为行政区始于春秋时期，秦始皇统一六国后，确立郡、县二级制，全国分为36郡，郡下设县。后来，历代皆承秦郡县治国之制。司马迁在《史记》中写道："县集而郡，郡集而天下。"

新中国成立后，中央政府高度重视县域治理和发展。先后经过土地改革、农业合作化、农村人民公社、家庭联产承包责任制及"三权分置"等县域农村综合性改革，县域行政区划以及经济发展已经发生重大变化。县域居住着大量的人口，涵盖城镇和乡村，是统筹城乡发展的关键一环。

县域经济是指以县域为中心、乡镇为纽带、广大农村为基础的区域性经济网络。从经济管理关系来看，它以行政区划为边界；

但从经济运行关系来看,它又超越县域边界,扩展到其他地区和部门。县域经济是国民经济中的一个相对独立的经济单元和组成部分。县域经济发展程度不仅决定了辖区内民众的生计状况,而且直接影响着当地居民的在地就业状况,进而对当地的社会结构、家庭结构关系及人们的地域认同等产生深远影响。

二、乡村治理制度变革及其对县域经济发展的影响

伴随我国乡村治理制度变革,不仅县域行政管理体制发生变化,而且对县域经济发展产生深远的影响。

土地革命时期,通过"打土豪,分田地""耕者有其田",实行土地制度改革,成立农业合作社,完成对农业的社会主义改造,将农民土地所有制改变为土地集体所有制。通过农业合作化,国家政权在农村地区建立和巩固人民公社制度,实行"政社合一""三级所有、队为基础",县域经济得到更大程度的整合。但在当时的计划经济体制下,国家财政资金被大量配置到了城市发展。如通过税收方式、"剪刀差"方式、储蓄方式为工业化提供了大量的资金积累。据相关文献资料,1952 至 1990年农业为工业提供了约 1 万亿资金,平均每年高达 250 亿元,占国民收入全部积累额的 22.4%。然而,国家对农村的投入有限,县域经济发展一定程度受到影响。

改革开放时期,废除人民公社制度,确立家庭承包经营为基础、统分结合的双层经营体制,即家庭联产承包经营责任制。一方面,随着国家工业化战略的基本实现,"以农补工"需求减弱,县域经济发展获得可积累资金支持。另一方面,乡镇企业异军突起,带动了县域经济发展。据当代研究所相关资料,1984 年底,乡镇企业规模已达 606.52 万个,就业人数 5208.11 万人,在上缴国家税金方面贡献已达 8.3%。

社会主义市场经济体制确立时期,不断地深化农村经济体制改革,推进农业和农村经济结构战略性调整,推动农业集约化、产业化经营。社会主义新农村建设时期,采取多予少取放活的农村工作方针,取消农业税及其附加,建立完善农业支持保护制度,传统农业加速向现代农业转变。进入新时代,坚持农业农村优先发展,打赢脱贫攻坚,推进乡村振兴战略,农村土地"三权分置"等系列改革进一步深化。县域经济将获得充分发展的政策支持和市场机遇,如县城与中心镇将成为县域经济发展的重要增长极,农村经济活力充分激发,农村消费市场在"双循环"新格局中扮演重要角色。

三、县域治理改变了农村金融服务格局

金融是经济发展的核心。伴随县域治理，金融不仅在促进农村经济发展中扮演着重要角色，而且其自身获得发展，改变了农村金融服务格局。单一的农村信用合作、民间借贷发展成为商业性、政策性、合作性金融机构在内的、正规与非正规并存的、以农村信用合作社为核心的农村金融服务格局。

新中国成立后，土地改革使广大农户分得了土地，生产得到初步发展，农户有了扩大生产的需求，民间互通有无已不能满足资金需要，而少数富裕农户想将多余的钱放债生息，因而又出现高利贷现象。为了打击高利贷现象，保护农民利益，促进农村经济发展，中国人民银行于 1951 年 5 月召开全国第一次农村金融工作会议，决定大力发展农村信用合作社，并于 1951 年 8 月正式成立农业合作银行。1952 年"三反"后，精简机构，农业合作银行被撤销。从 1954 年开始，全国掀起了声势浩大的群众性的合作化运动，促进农村信用合作社迅速发展。到年底，全国信用社已达 12.6 万个，70% 左右的乡建立了信用社。1955 年 3 月，农业银行成立，负责指导信用合作的发展。后来，农业银行被撤销。1958 年，信用社随着人民银行在农村的基层机构（营业所）一并下放给人民公社和生产大队管理，农村信用社变成了国家基层部门在农村的融资工具。社会主义市场经济体制确立时期，农业银行恢复，农村信用社受农行领导、监督，成立了县级联社。1994 至 1996 年，农村金融体制深化改革。1994 年，农业发展银行成立，农村信用社进行商业化改革，1995 年，农村信用合作银行大量组建。1997 年，中央金融工作会议确定"各国有商业银行收缩县（及县以下）机构，发展中小金融机构，支持地方经济发展"的基本策略以后，包括农业银行在内的国有商业银行日渐收缩县及县以下机构，仅 1998 至 2002 年初，共撤并 3.1 万个县及县以下机构。

进入新时代，中央实施脱贫攻坚和乡村振兴战略，为支持县域经济发展，一方面支持农村信用联社深化改革成立农村商业银行；另一方面，鼓励国有商业银行服务下沉，将县域分支机构打造成乡村振兴的桥头堡。因此，在广大的县域，形成了多元化的农村金融服务格局。

四、乡村振兴背景下实现城乡融合需要金融助力县域治理

习近平总书记强调，要把乡村振兴战略这篇大文章作好，必须走城乡融合发

展之路。"走城乡融合发展之路"是我国乡村振兴战略布局中的题中之义。县域是连接城市与乡村的重要节点。2021年中央一号文件提出"把县域作为城乡融合发展的重要切入点"。县域治理也是国家治理的重要基础。以县域为重要切入点，壮大和发挥县域的关键节点作用，对于推动城乡融合发展和乡村振兴具有重要现实意义。

县域治理具有不同于中心城市和省会城市的特征。一是县一级具备与事权相匹配的财权和行政权，能够统筹县域城乡发展和规划建设，构建以县城为中心、乡镇为纽带、村庄为腹地的县域城乡体系。二是其形成了比较完整的县域基本公共服务体系。以县级机构为辐射中心、乡镇服务网点为网络支撑，推动公共服务向乡村延伸、社会事业向乡村覆盖，从而形成全民覆盖、普惠共享、城乡一体的县域基本公共服务体系。三是县级政府在城乡要素双向流动中起重要的行政推动作用。县级政府作为城乡要素流向的引导者和市场秩序的维护者，在政府统筹下充分发挥市场对要素流动的调节作用，在城镇和乡村之间搭建要素双向流动的载体和桥梁，将各类生产要素、制度要素、文化要素进行高效整合和利用。

金融服务在推动县域治理中发挥着重要的"助力剂"作用。一是通过信贷资金支持县域基础设施建设。如，支持农田基本改造、乡村道路、供水设施、清洁能源及数字通信等基础工程设施建设。二是以新金融促进农村土地要素流动以及乡村共享开放。运用金融科技手段推进"智慧政务"建设，深入县域基层，进一步向乡村延伸，依托智慧社区管理、农村三资、产权流转等系统级或功能级应用，为促进土地要素流动提供数字化智能服务，提高土地要素利用效率。三是支持新型农村合作。通过制定综合金融服务方案，支持以农民合作社为组织载体，形成发展生产、供销、信用"三位一体"综合业务合作的新型农村合作模式，帮助农村增进信用、盘活资源。

五、"十四五"时期新金融在推进县域治理中将有更大的担当

新金融是以数据为关键生产要素，以科技为核心生产工具，以平台生态为主要生产方式的现代金融供给服务。在未来的"十四五"时期，新金融以"金融雨水"精准滴灌乡村治理。在推动县域农村金融服务普惠化、农业产业现代化、农村公共服务便利化、农村建设数字化等方面重点发力，为乡村振兴提供新的解决方案。

一是着力金融支持乡村振兴"新乡贤"。支持村两委干部、农技人员、种植大户、

退伍军人、商超业主、乡村医生、返乡大学生等乡村振兴"新乡贤"，一方面通过"建行大学"加强中央"三农"政策、农业经营管理和金融服务产品等知识培训；另一方面依托金融科技和大数据，开展农产品生产、加工、流通等全链条数据采集、溯源追踪和智能分析，构建新的审批和风控模型，研发更多针对性强、匹配度高、操作简单的信用类产品。

二是运用金融科技力量助力县域金融业务，支持服务能力提升。一方面，助力县域消费市场在"双循环"新格局中扮演重要角色。《中华人民共和国国民经济和社会发展第十四个五年规划和 2035 年远景目标纲要》指出："完善城乡融合消费网络，扩大电子商务进农村覆盖面，改善县域消费环境，推动农村消费梯次升级。"为此，运用金融科技手段开展远程客户授权，实现消费贷款线上申请、审批和放贷。同时创新适合农村消费特点的信贷模式和服务方式。另一方面，提升农村消费信贷风险管理能力。建立消费领域新产品、新业态、新模式的信贷风险识别、预警和防范机制，提升风险防控能力。

三是以新金融助力县域乡村治理综合服务能力提升。比如，建设银行充分挖掘和发挥"裕农通"服务点在乡村治理中的社会功能，将智慧政务连接到村、金融服务延伸到村、交易场景搭建到村、培训课程下沉到村、阳光村务应用到村；坚持党建引领，聚合"党建资源＋新金融资源"，助力乡村党组织建设。

（作者单位：中国建设银行安徽省分行）

◎责任编辑：李珺

城乡融合发展何以共融与共荣

⊙ 刘成晨

　　"城乡关系"一直是"三农"研究的热点议题之一，且在乡村振兴的语境下正朝着"新型工农"的方向发展，这也是伴随着城市化、工业化与现代化进程，体现出的一种"城市"（产业等）何以对待"乡村"（居民等）的议题。

　　从目前全国城市发展的趋势来看，"都市圈"已经越发成为策略之一。以长沙为例，"长株潭"即为一个典型。再以成都为例，也是如此。且成渝双城经济圈中的重庆成为继南京、福州、成都、长株潭、西安之后，第6个获批的国家级都市圈。也即，种种迹象都在表明，如今的城市也在"抱团式"发展，而内核的很大一部分成色就是"如何把圈子做大"，进而把之前城市未覆盖的城乡土地与人口吸纳进来，共同组成新的城市样态。

　　继而，在都市圈这样一种新模式下，乡村何以融入城市发展？还是像过去一样吗？例如，农民在农村种菜拖到城市里去卖，然后继续居住在农村，抑或是出让土地给城市发展（在城市有需求的时候），而后农民得以一些补偿。这种发展方式，依然是把城市与村民割裂的，甚至是"虹吸"的，村民的利益会受损，而城市也无以得到村民的人口红利等，归根到底，是"城市找农村要"的发展模式。

　　以贺雪峰教授为代表的学者们在2010年就提出了一个论断——"新的城市剥削农村正在形成"，即第一代农民工从外面赚钱回村庄消费，使农村变得繁荣，并且生机勃勃，而第二代农民工则是将农业收入拿到城市消费，并不在村庄从事农业生产，他们的父母在农村耕作，并将维持温饱以外的所有剩余拿给他们到城市消费（比如买房等）。这样一来，在县城买房的年轻人就不只是不赡养父母，而且通过代际剥削将父母从事农业生产所获收入拿到城市消费。新的通过代际剥削而成的城市对农村的剥削便已成型。此种说法不无道理，例如在婚嫁市场中，湖北某地级市，男方如果在城里有房而房贷未还清，女方则不嫁。这就决定了代际剥削后的年轻人不断地拿资源供养城市，形成了"城市找农村拿"的城乡关系。

当然，这样的关系背后复杂因素还有很多，此处仅仅以调查得到的一些样态与景观来说明上述所说的"新的城市剥削农村正在形成"。不仅如此，在1949年后城市索取农村的资源、物品、人力等还不少，但提供的回馈和保障却不多。但城市为了自身越发向好向强的发展，在过去相当长的时间内都是"拉动"乡村一起"共舞"，政策裹挟与资源吸纳，带来的结果依然是"单向度的代际剥削"。人口就是一个典型的指标，而其流动则一次次说明，城市不仅在"虹吸"，还在继续"索取"，包括人口资源、土地资源等。尤其房地产、低水平的加工业或服务业，无论是购买还是务工，农村人在城里举步维艰。先前的"乡村凋敝论"，加之"去农文化"和"跳出农门"让乡村越发无人、无业。

是不是城市没有意识要反哺农村？工业没有意识要反哺农业？不是。现在我们已经实现了工业化，就要城市反哺农村，工业反哺农业。所以实行了几百年、上千年的农业税全部取消了，国家还为农民交了养老保险、医疗保险，还有贫困户补助，所有这些社会开支一概由中央财政负责。而在近些年开展的脱贫攻坚战略，更是此种之体现。2021年，在迎来中国共产党成立一百周年的重要时刻，我国脱贫攻坚战取得了全面胜利，现行标准下9899万农村贫困人口全部脱贫，832个贫困县全部摘帽，12.8万个贫困村全部出列。这样的反哺是对过去"索取"的一次重大补偿，是城市发展未忘却乡村的重点体现。但内在逻辑还是"拉动型发展"。为什么？比如免除农业税，是以工业为基石，让其承担更多分量而减轻农民的负担，即"拉了一把"。

其实，乡村的发展，不能光靠"免"和"给"，还需要乡村的内生式发展，尤其是在乡村振兴战略继续推动之下，发挥乡村价值，完成乡村转型。

我们还需要清楚的是，乡村是不能消失的，以日本为例，他们还曾经采取过"造村运动"，而且笔者在专著《半解乡村》里也多次提到——城市化不是消灭农村。我们之所以有这样的论断，还在于乡村有它自身的功能。从帕森斯的结构功能主义出发，如果乡村这样的子系统出现问题，则城市无以发展，如蔬菜、粮食这样的生活物品谁来供应？所以无论是为了保障"粮食安全"还是"土地红线"，城市不应该继续"索取"，而是以现行的一些发展战略来驱动它一起发展——乡村振兴就是一个很好的体现。

在功能分化的前提下（这一点尤其重要），乡村要发展产业，则城市需要供给资源和机会等。如此形成城乡融合的新模式——"有边界的彼此互嵌式发展"。什么意思？边界在于城市不能无限制地扩张，而乡村继续保障它的功能发挥，哪怕是"土地兜底"。城市要发挥它的市场功能，乡村则发挥它的供给能力，正如李小云教授所说："如今，乡村基础设施改善，产业开始多元化，乡村价值正在回归，大美乡村已具备吸引人的条件。如今，城市动能正在激发乡村潜能，提升了乡村在市场中创造财富的能力。"此处所提及的"激发"正是驱动之体现。

尽管乡村振兴和新型城镇化同等重要，且要实现并非一朝一夕可完成，背后也有曹锦清教授所说的"复杂性"，但城乡二者之关系，理应理顺，并呈现出城乡等值化、差异化、均衡化的价值取向才为正确。正如著名城市学家刘易斯·芒福德所说的那样："城与乡承载着同等重要的价值并需要有机结合在一起，在这方面，德国是成功的。"所以，以都市圈、城市化为抓手的新时代城乡融合发展，务必是城市提供资源、市场、环境、条件、人才等多方面的帮助，"激发"或者"促进"乡村一同发展。而不能"城市重，乡村轻"，那样我们会摔跤，走不远。要善于打破长期以来的"城市优先"的思维惯性，让乡村价值复兴与城市价值回归。继而培育出城乡命运共同体。城乡也要积极在"人、地、钱、技、业"等关键要素的配置上合作，城市应该利用优势驱动乡村发挥自身功能才能让振兴活化。

总之，正如雷刚教授所说的那样："要促进城乡要素双向有序流动，构建工农互促、城乡互补、协调发展、共同繁荣的价值共同体。"而这还需要在很多关键环节上进行改革，方能促进二者同频发展，最终呈现出"城市让生活更美好，乡村让城市更向往"的美好图景。如此，城乡才能有机共融并彼此共荣。

（作者系重庆工商大学社会学西部研究基地研究员，重庆工商大学社会学系讲师，澳门大学社会学博士）

◎责任编辑：李珊珊

乡村振兴：亟待整饬的短板硬伤与对策

⊙ 王金世

　　站在巩固脱贫攻坚成果、接续开展乡村振兴战略的起点上，展望农业强、农村美、农民富的壮丽画卷，剖析以突击性、特惠性、局部性为主的脱贫攻坚所征服的一个又一个难点、焦点与困惑，研判以渐进性、普惠性、整体性为主的乡村振兴战略可能出现的机遇、挑战与风险，对照加快产业、人才、文化、生态和组织振兴的总体要求，不断提炼充实破解各种壁垒、瓶颈的能力与措施，降低风险挑战、减少羁绊缠绕，当务之急应结合贯彻《乡村振兴促进法》，探索解决好以下几个问题。

一、问题与根源

1. 农村集体经济组织法律地位缺失，运行机制不畅

　　农村集体经济组织作为具有社会主义特色的所有制形式之一，在我国伴随着新中国的诞生发轫于 20 世纪 50 年代初期，在近 70 年的发展演进过程中，虽根据不同时期的发展需求，多部法律对其有过内涵外延不清晰、法律称谓不统一、组织架构不齐全、层级类别不分明、管理权限不明确、责任义务不对称的表述，部分部委和省市先后出台过一些类似于《农村集体经济组织管理条例》方面的部门规章或地方性法规，但就全国而言，终因缺少专门的法律文本，致使农村集体经济组织这个"特别法人"的法律地位模糊，筹融资渠道狭窄，运营方式单调呆板，利益联结疏密不定，长期处于摸着石头过河的境况之中。在运行机制上，计划经济时，

"四大管理加分配"统得过多，改革开放后，"缴够国家的，留足集体的，剩下都是自己的"放得太开。目前正在全面推进的以集体经营性资产为主的股份合作制改革，按农业行政主管等部门规定的清产核资、确认成员、量化资产、赋码登记等程序成立的股份经济合作社或经济合作社究竟是企业还是事业？与依《公司法》规定成立的有限责任公司或股份有限公司有何异同？是否具有财政扶持、税收减免，特别是年终股利分红税费减免的权利？这些都是值得思考的问题。个别地方虽按有关规定成立了理事会、监事会等组织及相对应的议事规则，但在人员构成上依然复制粘贴了原有村组干部的模式，照样存在制度规则印在纸上、贴在墙上让人看，讲在会上、说在嘴上让人听，撑门面、装样子，"穿新鞋走老路，开新方子抓旧药"的弊端。

2. "农"的传人缺种断层，人气不足民风不淳

我们毋庸置疑广大农村为我国革命、建设和改革开放养育输送了一代又一代各类高素质人才的事实，更无法回避近年来很少有青壮年特别是男劳力在"广阔天地"里谋求发展的现状。在矿区城郊、交通沿线呈现出能种粮的耕地被种砖、能种粮的人员在种砖的"砖业运动"；一些没有支柱产业或支柱产业欠发展的山区村庄可以说50岁以下没农民，加之一些青年妇女或搭帮外出搞家政，或陪入园入学子女作伴读，或跟丈夫结伴闯天涯，"农的传人"从民工潮萌动时的"386199"走向"重阳"，从缺"种"跌入断层，不仅孔雀东南飞，就连麻雀也都朝外飞，农村基本上甩给了留守后方的老弱病残，他们文化偏低、思想守旧，"一等二看三试验"随大溜的思维方式，很难找出一条适合当地资源优势和地方特色的可持续发展的致富门路，形成具有一定竞争力的拳头产品，农业生产从二牛抬杠沦为镢头铁锨和老人，朝天一把子收种去两回，能刨多少是多少，不谋发展、只图够吃够用减轻子女负担。一些村庄年头节下民工返乡，为传递友谊、增强感情、活跃气氛，串访亲友、摆酒场、打麻将，酗酒滋事、聚众赌博时有发生，寄哀思问前程求发财、修宗祠设道场唱庙会封建迷信活动死灰复燃，大番小事轮流坐庄、攀比宴请，你家三六九、他家二五八，有钱打麻将没钱买农资、有钱喝小酒没钱行孝道；耕读传家不再是人人羡慕的好家风，抢种抢收打院修房从邻里互帮互助开始向按日付薪甚至直接对外承包过渡，养儿防老被看门守孙子替换，"娶了媳妇忘了娘"不再是人们闲聊的戏言，等等，给淳朴的民风掺和了极不和谐的杂音。

3.农民小富即安、等靠要与仇富现象有所抬头

近年来,随着"两不愁三保障"问题的逐渐解决,一些农户把"不愁吃穿"当小康、"稍有节余"当富裕,满足于吃饱穿暖,只求过得去,不求过得好、过得更好,热衷于举债购车买房添摆设、打院修房讲排场,重生活消费、轻生产积累,只管当前不顾长远,对扩大再生产经营规模投资不热心,对一些即使稍加投资就能很快见效的事情,也不愿意追加一点人力、物力、财力。同时,随着强农、惠农、富农补贴和脱贫攻坚力度的逐年增加,一些人把党和政府的帮扶当应该、恩惠当白得,视"贫困"为门面招牌、变用"心"脱贫攻坚为用"心眼"脱贫攻坚,拖熟人、拉关系、傍靠山,甚至不惜一哭二闹三上访、请客送礼给好处之手段争当"穷人"。一些人穷不思变,把贫穷归究于命运的安排,种庄稼耐不住风吹日晒,做生意受不了闹市争吵,搞劳务经不起起早贪黑,跑贩运吃不消舟车劳顿,大的懒得干、小的不愿干,东游西逛、无所事事,并把勤俭节约、吃苦耐劳当愚昧,把冷了找墙根、热了找树荫、渴了饿了找政府、酒足饭饱骂干部当本事。他们不仅甘愿本身贫困,而且嫉贤妒能、心态扭曲,害怕别人过得比自己更好,容不得别人家锅里冒烟,诸如在鼓励土地向新型农业经营主体集中流转和土地托管过程中,他们担心自己的承包地流转或托管后,受让方很快得利发家致富,用我干不了、你也别干成的方式,搬弄是非、哄抬租费和工时费用,宁愿耕地抛荒撂荒,也不给流转,甚至唆使挑拨一些不明就里的群众插花种植排异品种、拆除生产设施、截断渠系道路、撕毁流转合同、铲除流转地青苗、哄抢流转地产品。

二、对策与建议

1.明主体,尽快颁布农村集体经济组织法

在加快法制中国建设的进程中,首先,应围绕农村集体经济组织的基本特征、法人属性、功能作用、运行机制、层级架构、资产来源、利润留成、收益分配、融资投放、商贸物流等重大问题,尽快颁布尊重历史沿革、面对现实需求、兼顾未来发展的具有一定前瞻性的《农村集体经济组织法》,彻底改变长期以来涉及地域广阔、牵扯人员众多、生产经营门类庞杂、关乎国家粮食安全和社会稳定的农村集体经济组织一段时期"四不像"、一段时期"鸭嘴兽",甚至为图好使老拿农村集体经济组织及其成员"非驴非马"当"骡子"用的无法可依的局面。其次,应适时跟班出台农村集体经济组织及其成员议事决策规则、人才开发引进办

法，完善农村集体经济组织财务会计制度，为其规范有序运行提供制度保障。另外，还应明确基层政府部门、企事业单位和农民群众各自应该怎样做、不应该怎样做，以及执行不力或违反规定后，应该怎样处理、由谁处理。不断巩固完善双层经营体制，探索新型农村集体经济有效实现形式，激活"统"的职能与潜力，发展壮大集体经济实力，突破"集体空、没人听"的壁垒，实现"集体有、跟着走"的跨越，推动"统""分"相得益彰和谐共生，保障乡村振兴，使之真正成为凝聚人心的"家"、拓宽渠道的"路"、联结市场的"桥"、抵御风险的"墙"、共同富裕的"摇钱树"。目前，这一点在中西部欠发展地区显得尤为重要和迫切。

2.聚人脉，拓展人居环境和生产经营空间

在落实最严格的耕地保护制度，确保粮食功能区、重要农产品保护区"两区"用地建设、重要农产品品种多样、供应充裕、价格稳定、保障供给的前提下，坚持以农民为主体，以当地特色优势资源禀赋为基础，以引导不包办、支持不胁迫、放活不放任的方式融合发展农村一、二、三产业，切忌定指标下任务、贪大求洋，防止走弯路、遏制图统一而一刀切，杜绝为防尘而禁机收、要喷淋等"神操作"，用既不"缺位"、也不"越位"，看得见摸得着的实惠赢得人心，让农民更多地分享产业增值收益，吸引群众。在不断提高农业产业化程度进程中，靠实施乡村振兴的关键，要针对农业生产投资大、风险高、见效慢和农产品"多了不得了，少了了不得"的特点，充分运用"两个市场""两个循环""互联网＋"等信息资料，研判各类产业集群规划成果应用的时效性、结构性、合理性，杜绝攀比跟风，就某一产业村村点火、户户冒烟，你有我有全都有，再现"蒜你恨、姜你军""前年的茄子，去年的蒜，今年的水果比水贱"的现象，减少损失浪费，提高农业比较效益，以较高的效益撬动有志于广阔天地创业创新城镇人员、进城务工人员带资带技返乡回流领办创办新型农业经营或服务主体，化解谁来种地的难题。进一步落实化肥农药减量使用、养殖粪便零排放、秸秆及废旧农膜回收转化利用等农业面源污染措施，加快完善通电通水通路改厕改炕改灶"三通三改"和"碳中和"行动，改善生态、修复环境，筑牢乡村振兴的基础。借助城镇子女可继承父母农村宅基地的政策红利，吸引更多的城镇离退休人员回乡投资养老，增添乡村人脉。重新审视调整农村义务教育资源整合得失，最大限度降低农村幼儿从入园开始就需寄宿陪读的比率，减轻农民对子女教育的投资成本，活跃农村人气，促进广大农村人的全面振兴。

3. 治懒庸，加强农村思想文化教育

在广大农村适时开展以习近平新时代中国特色社会主义思想为核心的思想教育活动，让"感党恩、听党话、跟党走"入心入脑，并潜移默化为农民群众永恒的自觉行动，让吃苦耐劳、诚实守信、孝老敬亲、善行义举等传统美德固化为农民群众不变的本色，让广大农民特别是青年一代知国情、识乡情、懂民情，掌握全体农民富裕程度，摒弃信命运不信科学、讲迷信不讲马列和享乐主义、极端个人主义意识，树立爱国主义、集体主义思想，走出"等、靠、要"和"人穷使瞎心"的怪圈，坚守公序良俗，推动乡村振兴。同时，要充分运用各种现代技术手段和大数据平台信息，科学、精准甄别各类帮扶、救济、兜底等低收入群体，强化动态管理和"离娘断奶"自我革新措施，"输""造"并举、以造为主，不断增强他们的造血功能和免疫力，该接续的接续、该终止的终止、该退出的退出，特别是要加大对极个别有劳动能力与赡养能力的好逸恶劳人员套取骗取补贴补助行为的惩戒力度，该收缴的收缴、该处罚的处罚。加大强农惠农富农扶持力度，量化细化强农惠农富农措施，变多数惠农政策依田亩人口、贫困程度发放方式为目标成果奖补，彻底铲除好政策诱发的懒惰土壤和真正勤劳致富人员在脱贫攻坚中八不沾现象，激发劳动创造幸福、实干成就伟业动能。

4. 强组织，加快各类带头人遴选培养

要按照"五优先"的原则，不断强化各类组织建设。一是选好"领头雁"，应强化以党支部为核心的村级两委班子建设。在支持和鼓励村党支部书记通过法定程序担任村级集体经济组织负责人、"两委一社"班子成员交叉任职、加大"大学生村官"和村干部公职化的进程中，既要筑巢引凤，又要强化对乡土人才的挖掘培养利用；既要固巢养凤，又要防止招来姑爷气跑儿；既要超前谋划，又要力戒脱离实际、曲高和寡；既要甘于奉献，又善于珍爱自己；既要靠实责任，又要保障权利，形成百鸟朝凤、群鸟齐鸣，心往一处想、劲往一处使的战斗堡垒。二是配齐"护航者"，应进一步加大基层农林水电、教科文卫等公共服务组织建设，对线断网破、人员结构老化的，该增加的增加、该充实的充实。加大柔性人才引进力度，彻底打通"最后一公里"，让公共服务尽可能地满足现代农业农村生产生活需要。三是打造"排头兵"，以"一村一名大学生""新型职业农民培育"等计划为抓手，以农民专业合作社、"一村一品"规范提升工程为契机，将优质教育资源送到田间地头，不断强化"一懂两爱"培训教育，培养和储备现代农业产业、生产和经营，

以及新农村建设所需的各类人才，促进小农户与现代农业发展有机衔接，扩大产业集群，延伸拓展产业链条。四是集聚"追梦人"，要大力倡导"劳动是一切幸福的源泉"的思想，坚定信念，抓住乡村振兴的核心，不断优化劳动布局、调整人力结构，凝聚力量，提高农业农村农民质量、效益和竞争力，在全面推进乡村振兴中促进农民农村共同富裕。

（作者系甘肃省平凉市农业经营服务中心副主任，高级经济师）

◎责任编辑：汪义力

图书在版编目（CIP）数据

中国乡村发现.总第63辑 2023（1）/陈文胜主编.—长沙：湖南师范大学出版社，2023.2

ISBN 978-7-5648-4823-1

Ⅰ.①中… Ⅱ.①陈… Ⅲ.①农村－社会主义建设－中国－丛刊 Ⅳ.①F32-55

中国版本图书馆CIP数据核字（2023）第043585号

ZHONGGUO XIANGCUN FAXIAN

中国乡村发现　总第63辑 2023（1）

陈文胜　主编

出 版 人｜吴真文
责任编辑｜吕超颖
责任校对｜胡　雪

出版发行｜湖南师范大学出版社
　　　　　地址：长沙市岳麓区麓山路36号　邮编：410081
　　　　　电话：0731-88853867　88872751
　　　　　传真：0731-88872636
　　　　　网址：https://press.hunnu.edu.cn/
经　　销｜湖南省新华书店
印　　刷｜长沙雅佳印刷有限公司

开　　本｜710 mm×1000 mm　　1/16
印　　张｜10
字　　数｜180千字
版　　次｜2023年2月第1版
印　　次｜2023年2月第1次印刷
书　　号｜ISBN 978-7-5648-4823-1

定　　价｜25.00元

著作权所有，请勿擅用本书制作各类出版物，违者必究。